Die Bedeutung von Trennung und Scheidung
für die Bindung des Kindes

# Europäische Hochschulschriften
## Publications Universitaires Européennes
## European University Studies

### Reihe VI
### Psychologie

Série VI   Series VI
Psychologie
Psychology

Bd./Vol. 761

## PETER LANG
Frankfurt am Main · Berlin · Bern · Bruxelles · New York · Oxford · Wien

Manuela Klein

# Die Bedeutung von Trennung und Scheidung für die Bindung des Kindes

PETER LANG
Internationaler Verlag der Wissenschaften

**Bibliografische Information der Deutschen Nationalbibliothek**
Die Deutsche Nationalbibliothek verzeichnet diese Publikation
in der Deutschen Nationalbibliografie; detaillierte bibliografische
Daten sind im Internet über http://dnb.d-nb.de abrufbar.

Gedruckt auf alterungsbeständigem,
säurefreiem Papier.

ISSN 0531-7347
ISBN 978-3-631-60004-7
© Peter Lang GmbH
Internationaler Verlag der Wissenschaften
Frankfurt am Main 2010
Alle Rechte vorbehalten.

Das Werk einschließlich aller seiner Teile ist urheberrechtlich
geschützt. Jede Verwertung außerhalb der engen Grenzen des
Urheberrechtsgesetzes ist ohne Zustimmung des Verlages
unzulässig und strafbar. Das gilt insbesondere für
Vervielfältigungen, Übersetzungen, Mikroverfilmungen und die
Einspeicherung und Verarbeitung in elektronischen Systemen.

www.peterlang.de

# Vorwort

In diesem Buch geht es um Prozesse, die für den (pädagogischen) Alltag enorme Relevanz besitzen. Auf der einen Seite wird die Bedeutung von Bowlbys entwicklungspsychologischem Konzept der Bindung für die Beurteilung von Problemen, die aus Trennungssituationen heraus entstehen können, verdeutlicht. Und auf der anderen Seite analysiert die Autorin die Familie im Trennungs- und Scheidungsprozess genauer. Sich beide Seiten näher zu betrachten erscheint lohnenswert.

Besonders in Zeiten, in denen Kinder oft mehr oder weniger freiwillig von Bezugspersonen getrennt werden oder mit vielen verschiedenen Bezugspersonen zurechtkommen müssen, ist ein Blick auf die spezifische Situation von Trennungskindern notwendig. So sind Ehen oder Beziehungen nicht unbedingt von langer Dauer oder beide Elternteile sind bereits vor dem Erreichen des Kindergartenalters ihrer Kinder voll erwerbstätig, so dass auch schon die Kleinsten in die Krippe gehen und dort auch längere Zeiten am Tag betreut werden. Und auch das Modell Familie und die Art und Weise, wie Familienleben stattfindet, haben sich im Laufe der Zeit verändert. Es ist spannend zu schauen, wie und ob sich diese Änderungen auch auf die Qualität der Bindung auswirken.

Doch was ist Bindung überhaupt? Oft denkt man zuerst an Begriffe wie gegenseitige Sympathie'. Und vor allem denkt man an die intakte' Beziehung zwischen Mutter und Kind.

Doch hinter Bowlbys Ideen steckt viel mehr. Es geht nicht nur um ein gegenseitiges Mögen. Eine sichere Bindung ermöglicht dem Kind, seine Umwelt angstfrei zu erkunden. Dadurch wird es befähigt, neue Kompetenzen zu erlernen und ein Gefühl von Sicherheit und Geborgenheit aufzubauen. Es ist die Basis einer gesunden Entwicklung des Kindes.

Faktoren wie die Persönlichkeit der Beteiligten, Erziehungsstil der Eltern sowie deren gesundheitliche Verfassung und interne Arbeitsmodelle, d.h. die aus eigenen Erfahrungen und Erlebnissen gewonnenen Vorstellungen und Erwartungen, über das was man von Beziehungen zu anderen Menschen erwarten kann, beeinflussen die Qualität der Bindung.

Ob sich ein Kind tatsächlich sicher fühlt, hängt aber vor allem von der Feinfühligkeit der Bezugspersonen ab. Damit das Kind wahrnehmen kann, dass seine Bedürfnisse erkannt werden, sollten die Bezugspersonen jeweils konsistent und angemessen auf die Signale des Kindes reagieren. Das bedeutet, ein Kind kann durchaus mehrere Bezugspersonen haben und zu ihnen eine unterschiedliche Form der Bindung aufbauen. Wichtig ist nur die Regelmäßigkeit und Sensitivität in diesen Interaktionen. Gerade die Einheit der Eltern als funktionierendes Paar hat einen Einfluss auf das Bindungsverhalten des Kindes. Bei einer

Trennung der Eltern sind diese weniger verfügbar und häufig selbst stark belastet. Das Kind kann zwischen den Stühlen stehen und Schuldgefühle für die Trennung entwickeln. Wie sich diese Faktoren auf die Bindung des Kindes auswirken, wird von der Autorin ausführlich dargestellt.

Das vorliegende Buch gibt Antworten auf Fragen, die sich bei der Betrachtung von möglichen Trennungssituationen, insbesondere von Trennung und Scheidung der Eltern, ergeben. Es wird aufgezeigt wie Bedingungen geschaffen werden können, die einem Kind ermöglichen die Trennung der Eltern leichter zu verarbeiten und ihm die nötige Unterstützung bieten. Es werden Schutz- und Risikofaktoren genannt, aus denen man auch für andere Kontexte, die Folgen von Trennungen für die Kinder ableiten und vorhersehen kann.

Dieses Buch ist daher besonders interessant für alle Personen die mit Trennungskindern und deren Eltern arbeiten. Dies kann beispielsweise im Kontext von Erziehungsberatung und Scheidung der Eltern sein oder in psychologischer Praxis und Forschung. Aber auch für alle, die sich für die Bedeutung von Bindung für den Entwicklungsverlauf von Kindern interessieren, ist das Buch eine praktische Hilfe.

Dipl.-Psych. Melanie Zillekens

# Inhaltsverzeichnis

1 Einleitung .................................................... 1

2 Grundlagen der Bindungstheorie und -forschung ................. 5
   2.1 Konzept der Bindung ...................................... 6
   2.2 Entwicklung einer Bindung ................................ 9
   2.3 Verhaltenssysteme ....................................... 11
      2.3.1 Bindungsverhalten .................................. 12
      2.3.2 Explorationsverhalten .............................. 16
   2.4 Internale Arbeitsmodelle ................................ 17
   2.5 Erhebungsverfahren ...................................... 18
      2.5.1 Die Fremde Situation ............................... 19
          2.5.1.1 Organisierte Bindungsmuster ................ 22
          2.5.1.2 Desorganisierte Bindungsmuster ............. 25
      2.5.2 Geschichtenergänzungsverfahren ..................... 27
      2.5.3 Erwachsenenbindungsinterview ....................... 29
   2.6 Determinanten von Bindungsqualität ...................... 31
      2.6.1 Feinfühligkeit ..................................... 32
      2.6.2 Temperament ........................................ 34
      2.6.3 Arbeitsmodelle der Eltern .......................... 34
      2.6.4 Erziehungsstil der Eltern .......................... 37
   2.7 Bindung im Lebenslauf ................................... 38
   2.8 Bedeutung des Vaters für das Bindungsverhalten .......... 39

3 Familie ....................................................... 41
   3.1 Familie in Zahlen, Daten, Fakten ........................ 43
   3.2 Funktion von Familie .................................... 45
   3.3 Familienformen .......................................... 46
   3.4 Familiendynamik ......................................... 47
   3.5 Entwicklungsaufgaben .................................... 48
   3.6 Familie als Beziehungssystem ............................ 50
      3.6.1 Paarbeziehung der Eltern ........................... 51
      3.6.2 Die Elternbeziehung ................................ 52
      3.6.3 Eltern-Kind-Beziehungen ............................ 52

|  |  |  |
|---|---|---|
| 3.7 | Familie aus Sicht der Bindungsforschung | 54 |

**4 Trennung und Scheidung** ........ 55
   4.1 Die Familie in der Krise ........ 57
      4.1.1 Folgen von Elternkonflikten ........ 59
      4.1.2 Vorbereitung auf die Scheidung ........ 61
   4.2 Der Scheidungsprozess ........ 61
   4.3 Folgen der Trennung ........ 62
      4.3.1 Schutz- und Risikofaktoren ........ 62
      4.3.2 Positive Folgen der Trennung ........ 65
      4.3.3 Negative Folgen der Trennung ........ 66
   4.4 Bewältigung der Trennung ........ 70
   4.5 Familienformen nach der Trennung ........ 72

**5 Auswirkungen der Trennung für die Bindung** ........ 73
   5.1 Trennung unter bindungstheoretischen Gesichtspunkten ........ 75
      5.1.1 Angstbindung ........ 78
      5.1.2 Beeinträchtigung der Verhaltenssysteme ........ 79
   5.2 Vaterabwesenheit ........ 80
   5.3 Bindungsqualität im Trennungs- und Nachtrennungsprozess ........ 81
      5.3.1 Bindung als Schutz- bzw. Risikofaktor ........ 81
         5.3.1.1 Folgen für Kinder mit organisierten Bindungsmustern ........ 83
         5.3.1.2 Folgen für Kinder mit desorganisierter Bindung ........ 85
         5.3.1.3 Bedeutung der Hierarchie der Bindungspersonen ........ 86
         5.3.1.4 Bedeutung des Arbeitsmodells der Mutter ........ 86
      5.3.2 Trennung als Schutz- bzw. Risikofaktor ........ 87
         5.3.2.1 Veränderlichkeit internaler Arbeitsmodelle ........ 88
         5.3.2.2 Veränderungen der Bindungsqualität ........ 91
      5.3.3 Fallbeispiel ........ 96

**6 Resümee und Ausblick** ........ 99

**Literaturverzeichnis** ........ 102

# 1 Einleitung

Die Familie ist der wichtigste Schutzraum für ein Kind. Jedes Kind sollte daheim Vertraute haben, an die es sich jederzeit wenden kann. Kommunikation ist ein sehr wichtiges Element jeder Familie. Doch nicht jede Familie ist glücklich. Beschließen Mutter und Vater, dass sie sich trennen, ist das Kind dem hilflos ausgesetzt. Oft treffen aber nicht Mutter und Vater diese Entscheidung zusammen, sondern nur einer. Viel Kummer, Leid, Wut und Angst werden durch diesen Entschluss freigesetzt.

Nun droht dem Kind der Verlust eines Elternteils. Er wird die Wohnung verlassen, für das Kind weniger verfügbar sein. Das Kind muss zudem die Konflikte, die die Eltern untereinander austragen, auch noch aushalten. Oft wollen die Eltern nach der Trennung nichts mehr miteinander zu tun haben. Doch da steht ein Kind, das beide Elternteile liebt und bei beiden sein möchte.

Das Kind ist in der Regel mit Mutter und Vater emotional stark verbunden. Diese Bindung hat sich in den ersten Lebensmonaten des Kindes entwickelt und wird sein Leben lang halten. Mutter und Vater sind für das Kind der sichere Hafen, zu dem es immer wieder zurückkehrt, wenn es das Bedürfnis dazu hat.

Eine Trennung der Eltern erschüttert dieses Band zwischen dem Kind und seiner Mutter und zwischen dem Kind und seinem Vater.

Die Frage, mit der sich diese Arbeit auseinandersetzt, bezieht sich auf die eben genannte Situation. Welche Bedeutung hat eine Trennung der Eltern für die Bindung des Kindes und welche Folgen kann das haben? Ist es ist möglich, dass sich die Bindungsqualität verändert? Unter welchen Bedingungen hat eine Trennung der Eltern nur kurzfristige Auswirkungen auf die Bindung? Was passiert, wenn das Kind keine adaptive Bindungsstrategie hat?

Die vorliegende Arbeit gliedert sich wie folgt:

In Kapitel zwei der Arbeit werden die Grundlagen der Bindungstheorie und -forschung erarbeitet. Dieser Teil soll einen Überblick geben und in die Thematik einführen. Die Bindungstheorie wird ausführlich behandelt, um bindungsspezifische Prozesse bei Trennungskindern und ihren Eltern nachvollziehen zu können.

Das Konzept der Bindung, das auf John Bowlby zurückgeht, wird in Kapitel 2.1 vorgestellt. Erst einmal ist es interessant, wie ein Säugling überhaupt eine Bindung zu einer Bezugsperson aufbaut (vgl. Kap. 2.2). Die Grundlage jeder Bindung wird damit erläutert. In der psychologischen Forschung und Praxis werden Verhaltenssysteme angenommen, die das Verhalten des Menschen regulieren. In Kapitel 2.3 werden die Verhaltenssysteme von

Bindung und Exploration erläutert. Das Konzept des internalen Arbeitsmodells wird in Kapitel 2.4 vorgestellt. Diese Modellvorstellungen von Bindung sind handlungsleitend für folgende bindungsrelevante Kontexte.

Die Bindungsqualität eines Kindes zu seiner Bindungsperson lässt sich durch verschiedene Verfahren klassifizieren (vgl. Kap. 2.5). Bei Säuglingen wird die Fremde Situation angewendet. Die Fremde Situation ist ein Verfahren, das von Mary Ainsworth konzipiert wurde und die Bindungsqualität bei Säuglingen bis 18 Monaten misst. Das Geschichtenergänzungsverfahren wird bei Kleinkindern angewendet und das Erwachsenenbindungsinterview (Adult Attachment Interview, AAI) bei Jugendlichen bzw. Erwachsenen. Mit Hilfe des AAI wird die Bindungsrepräsentation des Erwachsenen klassifiziert. Desweiteren werden Determinanten der Bindungsqualität vorgestellt (Kap. 2.6). In 2.7 wird kurz dargelegt, wie sich Bindung im Lebenslauf verhält und im letzten Abschnitt (2.8) wird die Bedeutung des Vaters für das Bindungsverhalten des Kindes erläutert.

Der dritte Teil legt die Situation von Familien in Deutschland dar (Kap. 3.1) und gibt einen kleinen Überblick über Themen der Familienforschung. Es wird dargestellt, welche Funktion die Familie für den Einzelnen hat (Kap. 3.2) und wie Familien zusammengesetzt sein können (Kap. 3.3). Weiterhin werden Familiendynamik (Kap. 3.4), Entwicklungsaufgaben (Kap. 3.5) und das Beziehungssystem innerhalb der Familie (Kap. 3.6) erläutert. Es ist vor allem wichtig zu verstehen, wie eine Familie funktioniert und welche Aufgaben die Familie hat. Die Beziehungen der Mitglieder zueinander spielen dabei eine wesentliche Rolle. Im letzten Abschnitt wird kurz die Bedeutung von Familie aus Sicht der Bindungstheorie dargestellt, da die Familie für jedes Mitglied die sichere Basis ist, bei der es jederzeit Schutz findet (finden sollte).

Trennung und Scheidung sind die Themen im vierten Teil der Arbeit. Vor allem wird die Frage behandelt, wie es dazu kommen kann, dass eine Familie scheitert. Ausführungen über Konflikte innerhalb der Familie (Kap. 4.1) und dessen Folgen (4.3) sind Hauptbestandteil dieses Teils. In Abschnitt 4.2 wird der Prozess der Scheidung bzw. Trennung in drei Phasen dargestellt. Die Trennung der Eltern kann für ein Kind ein traumatisches Erlebnis sein, das Auswirkungen in unterschiedlichem Maß auf seine Entwicklung haben kann. Wie diese Folgen im Allgemeinen aussehen, welche Folgen die Trennung für die Eltern hat und welche Faktoren dabei wirken, ist in 4.3 ausführlich dargelegt. Welche Probleme zu bewältigen sind, welche Aufgaben jedem persönlich gestellt sind und wie man sich unterschiedlich an die neue Situation anpassen kann, wird in Kapitel 4.4 gezeigt. Im letzten Abschnitt des vierten Teils wird kurz dargestellt, wie sich die Lebenssituation der Familie nach der Trennung gestaltet.

Teil fünf bildet den Schwerpunkt dieser Arbeit in Bezug auf die Fragestellung. In ihm werden die bisher diskutierten Ansätze zusammengefügt und zeigen ein bindungsspezifisches Bild von Trennungsfamilien. Ergebnisse der Bindungstheorie, die sich vor allem auf Trennung von der Mutter oder beiden Elternteilen beziehen, werden unter dem Aspekt der Trennung der Eltern neu betrachtet (Kap. 5.1). Verschiedene Aspekte der Vaterabwe-

## Kapitel 1: Einleitung

senheitsforschung werden in das Gesamtbild eingefügt und unterstützen die Aussage, dass ein Kind, das nicht mit beiden Elternteilen aufwächst, aus diesem Grund in seiner Entwicklung eher beeinträchtigt sein wird, als ein Kind, das Mutter und Vater jederzeit zur Verfügung hat (Kap. 5.2). In Abschnitt 5.3 wird die Bindungsqualität im Trennungs- und Nachtrennungsprozess untersucht. In diesem Teil bilde ich selbst verschiedene Hypothesen, die anhand der Literatur diskutiert werden. Außerdem stütze ich mich auf die Studie von Lilith König an der Universität Düsseldorf von 2002, die bisher die einzige deutsche Untersuchung zu diesem Thema darstellt. Verschiedene Ergebnisse aus der Bindungsforschung werden mit einbezogen. Die Scheidungsforschung liefert ebenfalls Ergebnisse in Bezug auf das Bindungsverhalten nach der Trennung der Eltern. Bindung und Trennung stellen dabei selbst Schutz- bzw. Risikofaktoren dar, die die Entwicklung des Kindes auf verschiedene Weise beeinflussen. In 5.3.3 wird ein Fallbeispiel vorgestellt, dass die Folgen einer Trennung der Eltern für das Bindungsverhalten dieses Jungen eindringlich aufzeigt.

Im letzten Teil werden die Ergebnisse zu einem einheitlichen Bild zusammengefasst. Da es bisher kaum empirische Forschung zu diesem Thema gibt, wird ein Ausblick gegeben. Vor allem für die psychologische Praxis ist Forschung auf diesem Gebiet unerlässlich.

# 2 Grundlagen der Bindungstheorie und -forschung

„Bindung ist etwas Inneres ... Dies verinnerlichte Etwas, das wir Bindung nennen, hat Aspekte von Gefühlen, Erinnerungen, Erwartungen und Intentionen."
(Ainsworth 1967, S. 429)

Nach Grossmann und Grossmann befasst sich die Bindungstheorie „mit der emotionalen Entwicklung des Menschen, mit seinen lebensnotwendigen soziokulturellen Erfahrungen und vor allem mit den emotionalen Folgen, die sich aus unangemessenen Bindungserfahrungen ergeben können" (2004, S. 30).

Ziel der Bindungstheorie ist ein Beitrag zur Klärung der Frage, „warum viele Formen emotionaler Schmerzen wie Angst, Wut und Haß und auch spätere Persönlichkeitsstörungen, wie Depression und emotionale Entfremdung durch elterliche Zurückweisung, durch unfreiwillige Trennung und Verlust von Bindungspersonen verursacht werden können" (Grossmann, Grossmann 2004, S. 65).

Aufgabe der empirischen Bindungsforschung ist die Überprüfung von „Annahmen und Vorhersagen der Bindungstheorie über Unterschiede im sozial-emotionalen Verhalten zwischen Menschen" jeden Alters (Grossmann, Grossmann 2004, S. 30).

Gloger-Tippelt (2002) formuliert vier Aufgaben der Bindungsforschung:

„- Sie *beschreibt* Phänomene der Familienbeziehungen, insbesondere durch neue Beobachtungen und Erhebungsmethoden,
- sie *erklärt* aufgrund der Annahmen durch Begriffe der Bindungstheorie Persönlichkeitsentwicklung in der Familie und ermöglicht damit Prognosen,
- sie entwickelt Maßnahmen zur *Optimierung* der menschlichen Entwicklung,
- und sie überprüft deren Wirksamkeit, d.h. sie *evaluiert*" (S. 119, kursiv wie im Original, Anm. M. K.).

Der englische Kinderpsychiater und Psychoanalytiker John Bowlby begründete die Bindungstheorie. Inzwischen ist die Bindungstheorie eine wichtige Richtung der Entwicklungspsychologie (vgl. Dornes 2001, S. 12). Sie ist „im ethologischen Denken der 60er Jahre entstanden und verbindet klinisch-psychoanalytisches Wissen mit evolutionsbiologischem Denken" (Grossmann, Grossmann 2004, S. 29).

Bowlby nutzte die Psychoanalyse als Ausgangspunkt für seine Forschung. Die Psychoanalyse beschreibt, dass der Grundstein zu der Persönlichkeit des Kindes, seine „erste menschliche Beziehung" sei (Bowlby 2006a, S. 176). Bowlbys Arbeit stützte sich vor allem auf die Instinkttheorie. „Sie postuliert das Band zwischen Kind und Mutter als Produkt der Aktivität einer Anzahl von Verhaltenssystemen, deren voraussehbares Ergebnis die Nähe zur Mutter ist" (Bowlby 2006a, S. 177).

Bowlbys Schwerpunkt lag auf der Untersuchung von Kindern, die kriminell auffällig, verwaist und/oder lange von der Mutter getrennt gewesen sind. Er führte seine klinische Arbeit unter anderem gemeinsam mit dem Ehepaar Joyce und James Robertson in Krankenhäusern und Kinderheimen durch. Aus diesen Untersuchungen stammen die ersten Beschreibungen über die seelischen Folgen einer längeren Trennung eines Kindes von der Mutter (vgl. Robertson & Bowlby 1952, nach Grossmann, Grossmann 2004, S. 65f).

Die zentrale Aussage Bowlbys Forschung ist, „daß der menschliche Säugling die angeborene Neigung hat, die Nähe einer vertrauten Person zu suchen" (Dornes 2001, S. 44). Bowlby beschrieb die Bindungstheorie vor allem als klinische Theorie, die sich damit auseinandersetzt, wie „die vielen Formen von emotionalen und Persönlichkeitsstörungen, einschließlich Angst, Wut, Depression und emotionaler Entfremdung durch ungewollte Trennung und Verlust ausgelöst werden" (vgl. Bowlby 1976, S. 57, zit. nach Grossmann, Grossmann 2004, S. 30).

Dieses Kapitel soll einen Überblick über die Bindungstheorie und -forschung geben. Vor allem dient es dem weiteren Verständnis. Für die Erläuterung, inwieweit eine Trennung der Eltern Auswirkungen auf das Bindungsverhalten hat und wie die Folgen aussehen, ist es wichtig die Grundlagen zu kennen. Das Thema *Trennung* wird unter bindungsspezifischen Gesichtspunkten nur von der Bindungsforschung erfasst. Die Scheidungsforschung wirft einen weiteren Blick auf das Geschehen und beachtet Bindungsverhalten, wenn überhaupt, nur als einen Aspekt innerfamiliärer Beziehungen. Autoren, die Bindung in Trennungsfamilien untersuchten, haben einen bindungstheoretischen Hintergrund. Sie gliedern ihre Ergebnisse in den Gesamtkontext der Bindungstheorie ein.

## 2.1 Konzept der Bindung

Die Bindung ist die besondere Beziehung zweier Menschen, die sie emotional miteinander verbindet und über Raum und Zeit hinweg bestand hat. „Eine schwächere Person bindet sich an eine Person, die häufiger Interaktionspartner ist und von der erwartet wird, daß sie Schutz und Fürsorge geben kann. ... [Die Bindung ist] eine Quelle psychischer Sicherheit" (Grossmann, Grossmann 2004, S. 68f).

Bowlby formulierte fünf Postulate der Bindungstheorie (vgl. Bowlby 1979/1980, zit. nach Grossmann, Grossmann 2004, S. 67f):

> „1. Für die seelische Gesundheit des sich entwickelnden Kindes ist kontinuierliche und feinfühlige Fürsorge von herausragender Bedeutung.

## 2.1 Konzept der Bindung

2. Es besteht die biologische Notwendigkeit, mindestens eine Bindung aufzubauen, deren Funktion es ist, Sicherheit zu geben und gegen Streß zu schützen. Eine Bindung wird zu einer erwachsenen Person aufgebaut, die als stärker und weiser empfunden wird, so daß sie Schutz und Versorgung gewährleisten kann. Das Verhaltenssystem, das der Bindung dient, existiert gleichrangig und nicht etwa nachgeordnet mit anderen Verhaltenssystemen, die der Ernährung, der Sexualität und der Aggression dienen.

3. Eine Bindungsbeziehung unterscheidet sich von anderen Beziehungen besonders darin, daß bei Angst das Bindungsverhaltenssystem aktiviert und die Nähe der Bindungsperson aufgesucht wird, wobei Erkundungsverhalten aufhört (das Explorationsverhaltenssystem wird deaktiviert). Andererseits hört bei Wohlbefinden die Aktivität des Bindungsverhaltenssystems auf und Erkundungen sowie Spiel setzen wieder ein.

4. Individuelle Unterschiede in Qualitäten von Bindungen kann man an dem Ausmaß unterschieden, in dem sie Sicherheit vermitteln.

5. Mit Hilfe der kognitiven Psychologie erklärt die Bindungstheorie, wie früh erlebte Bindungserfahrungen geistig verarbeitet und zu inneren Modellvorstellungen (Arbeitsmodellen) von sich und anderen werden."

Man unterscheidet vier Betrachtungsebenen in der Bindungstheorie. Zum einen ist der Mensch evolutionsbiologisch betrachtet ein Wesen, dem die Fähigkeit, eine Bindung zu einer anderen Person aufzubauen, angeboren ist. Bindung ist umweltstabil. „Psychologisch, in der wirklichen Erfahrung jedes einzelnen Menschen, können die individuellen Qualitäten von Bindung des Kindes an seine Eltern im ersten Lebensjahr bereits sehr verschieden sein" (Grossmann, Grossmann 2004, S. 29). Die Bindungsforschung bezieht das auch auf die Ontogenese des Einzelnen (dritte Betrachtungsebene) und untersucht „die Art individueller Verinnerlichung unterschiedlicher Bindungserfahrungen und ihre Auswirkungen auf die Organisation der Gefühle, des Verhaltens und der Ziele einer Person" (Grossmann, Grossmann 2004, S. 29). Die vierte Betrachtungsebene ist die klinische Ebene. Entstehen während der Ontogenese Störungen oder Fehlentwicklungen, so ist es Aufgabe der Bindungsforschung, diese zu erklären.

Es gibt verschiedene Qualitäten von Bindung (vgl. Kap. 2.5.1), die unterschiedlich ausgeprägt als „Gefühl der Bindung oder Geborgenheit" empfunden werden (Dornes 2001, S. 44). Sie sind das Resultat von Interaktion und Kommunikation zwischen der Bindungsperson und dem Säugling.

Ein Mensch kann an mehrere Personen gebunden sein. Ein Neugeborenes, für das beide Elternteile verfügbar sind, wird höchstwahrscheinlich auch zu beiden eine Bindung aufbauen. Jedoch ist dabei zu beachten, dass die Bindungen je nach Bindungsperson unterschiedlich sein können. Zum einen ist es möglich, dass das Kind an eine Bindungsperson sicher gebunden ist, an eine andere aber unsicher. Anderseits spricht Bowlby davon, dass ein Kind eine Hierarchie von Bindungspersonen bildet, bei der es die primäre Bindungsperson immer bevorzugt (vgl. Bowlby 2006a, S. 291f). Ein Kind hat eine primäre Bindungsperson (in der Regel die Mutter), dessen Nähe es immer sucht, wenn es ihm schlecht geht. „Je schlechter es einem Kind geht - z.B. wenn es krank ist -, desto mehr will es bei der primären Bindungsperson sein" (Grossmann, Grossmann 2004, S. 68). Etwa im zweiten Lebensjahr richtet die Mehrheit der Kinder Bindungsverhalten auch auf weitere Personen, mitunter sogar auf zwei Personen gleichzeitig. Die Studien an schottischen Babys von Schaffer und Emerson (1964) und in Ganda von Ainsworth (1967) belegen diese Aussage.

Die kanadische Psychologin Mary Salter Ainsworth entwickelte die 'Fremde Situation', ein psychologisches Verfahren, mit dessen Hilfe man die Bindungsqualität zwischen Bindungsperson und Kind bestimmen kann (vgl. auch Kap. 2.5.1). Ainsworth stellte verschiedene Bindungsstile fest. Mütterliche Feinfühligkeit ist dabei der entscheidende Faktor. Reagiert die Mutter (in diesem Zusammenhang die Bezeichnung für die Hauptbezugsperson des Kindes) angemessen und auch zeitlich nah auf die Bedürfnisse des Kindes, spricht man von Feinfühligkeit. Das Kind wird dann mit großer Wahrscheinlichkeit mit einem Jahr eine sichere Bindung zur Mutter aufweisen. Reagiert die Mutter hingegen nicht feinfühlig, also eher zurückweisend, so kann daraus ein unsicher-vermeidender Bindungsstil entstehen. Sind die Reaktionen der Mutter „inkonsistent und wenig vorhersagbar," kann daraus eine unsicher-ambivalente Bindung zur Mutter resultieren (Dornes 2001, S. 44f).

## Kriterien für das Bestehen einer Bindung

Ein Kind hat eine Bindung zu einer anderen Person, wenn folgende Kriterien erfüllt sind (vgl. Grossmann, Grossmann 2004, S. 219):

1. Eine Bindungsperson wird vom Kleinkind als sichere Basis genutzt und bei Angst aufgesucht. Fremde Situationen sind belastender ohne die Bindungsperson.
2. Das Kind exploriert wenn die Bindungsperson in erreichbarer Nähe ist und vergewissert sich stets der Nähe der Bindungsperson.
3. Gegen eine Trennung von der Bindungsperson in fremder Umgebung protestiert es. Es lässt sich gut von ihr beruhigen.
4. Zeigt die Bindungsperson Zuneigung zu einem anderen Kind, wird es eifersüchtig.
5. „KEINE Bindung besteht wahrscheinlich dann, wenn das Kind keine Bevorzugung dieser Person bei Belastung erkennen läßt, sich wenig um ihren Verbleib kümmert, kein Trennungsleid oder Vermissen zeigt und keine Erleichterung und keinen Sicherheitsgewinn aus ihrer Gegenwart zieht" (ebd., S. 219).

## 2.2 Entwicklung einer Bindung

Ein Mensch kommt nicht mit einer ausgeprägten Bindung zu einem anderen Menschen auf die Welt. Er hat eine genetische Disposition, um eine Bindung zu einer Person aufbauen zu können. Im Laufe des ersten Lebensjahres entwickelt sich eine Bindung zu einer primären Bindungsperson und evtl. zu sekundären Bindungspersonen.

„Bindungsbedürfnisse von Kindern werden als offene phylogenetisch präadaptierte Programme ... gesehen, die ... verschiedene Entwicklungsmöglichkeiten in natürlichen Grenzen eröffnen" (Grossmann 2004, S. 28). Die Qualität der Bindung, der Phänotyp, ist abhängig von der Interaktion des Säuglings mit seinen Bindungspersonen. Die Bindung als solche ist umweltstabil, aber ihre phänotypische Ausprägung ist von der Umwelt abhängig, also umweltlabil.

Ein Neugeborenes verfügt über ein gewisses Repertoire an bindungsrelevanten Verhaltensweisen, die dafür sorgen, dass eine andere Person Nähe und Schutz gibt. Diese Verhaltensweisen zeigen der fürsorglichen Person, welche Bedürfnisse das Neugeborene hat, um entsprechend reagieren zu können. Aus dieser Interaktion zwischen Säugling und Hauptbezugsperson resultiert die Bindung zwischen diesen beiden Menschen. „Der Säugling ist also 'präadaptiert', genetisch vorbereitet für eine soziale Umwelt, mit der er kommunizieren kann und die für seine Bedürfnisse sorgt" (Grossmann, Grossmann 2004, S. 69).

Bowlby verweist in *Bindung* (2006) auf acht Kategorien der Entwicklung des Bindungsverhaltens:

„1. Bei menschlichen Kindern werden soziale Reaktionen jeder Art zuerst durch ein weites Reizspektrum und später durch ein engeres Spektrum ausgelöst und beschränken sich nach einigen Monaten auf Reize, die von einer oder wenigen Personen ausgehen.

2. Es liegen Beweise vor für eine ausgeprägte Neigung, auf gewisse Reizarten mehr als auf andere zu reagieren.

3. Je mehr Erfahrung sozialer Interaktion ein Kleinkind mit einer Person hat, umso stärker wird seine Bindung an diese Person.

4. Die Tatsache, dass der Erwerb der Fähigkeit Gesichter zu unterscheiden, gewöhnlich nach einer Zeitspanne aufmerksamen Anschauens und Zuhörens erfolgt, legt nahe, dass dabei Erfahrungslernen mit im Spiel ist.

5. Bei den meisten Kindern entwickelt sich Bindungsverhalten zu einer bevorzugten Person im 1. Lebensjahr. Es erscheint wahrscheinlich, dass es im Verlauf dieses Jahres eine prägsame Periode gibt, während der sich das Bindungsverhalten am leichtesten entwickelt.

6. Es ist unwahrscheinlich, dass vor dem Alter von etwa 6 Lebenswochen eine prägsame Phase eintritt, und diese liegt wahrscheinlich einige Zeit später.

7. Nach etwa 6 Monaten, ausgeprägter noch nach 8 oder 9 Monaten, neigen Babys mehr dazu, einer fremden Personen mit Furchtreaktionen zu antworten

als in jüngerem Alter. Wegen der zunehmenden Häufigkeit und Stärke dieser Furchtreaktionen wird die Entwicklung der Bindung an eine neue Figur zunehmend schwieriger gegen Ende des 1. Jahres und später.

8. Wenn sich ein Kind einmal stark an eine spezifische Figur gebunden hat, zieht es diese Figur gewöhnlich allen anderen vor und behält diese Präferenz auch im Falle einer Trennung bei" (Bowlby 2006a, S. 217).

Das Neugeborene hat die Anlage eine Bindung zu einer Bezugsperson aufzubauen. Es verfügt über diverse Verhaltenssysteme, die durch entsprechende Reize sofort aktiviert, beendet oder durch andere Reize abgeschwächt oder verstärkt werden können (vgl. Bowlby 2006a, S. 256). Bowlby spricht davon, dass sich „unter diesen Systemen ... bereits einige Bausteine für die später erfolgende Entwicklung einer Bindung [befinden]. Dazu gehören z.b. die primitiven Systeme, die bei Neugeborenen Schreien, Saugen, Festhalten und Orientierung vermitteln. Zu diesen kommen nur ein paar Wochen später Lächeln und Schwätzeln und noch ein paar Wochen später Kriechen und Gehen" (Bowlby 2006a, S. 256).

Die Entwicklung einer Bindung lässt sich nach Bowlby (2006a, S. 257f) in vier Phasen beschreiben. Grundsätzlich ist bei der Einteilung der Entwicklung einer Bindung in zeitlich festgelegte Phasen zu beachten, dass entwicklungsbedingt Verzögerungen auftreten können.

Er beschreibt die erste Phase der Bindung als **„Orientierung und Signale ohne Unterscheidung der Figur"** (2006a, S. 257). Diese Phase betrifft etwa die ersten zwei bis drei Monate nach der Geburt. Das Kind ist noch nicht in der Lage, Personen genau zu unterscheiden. Es zeigt Verhaltensweisen wie „die Orientierung auf eine Person hin, das Mit-den-Augen-Verfolgen, Greifen und Langen, Lächeln und Schwätzeln" (Bowlby 2006a, S. 257). Grossmann und Grossmann (2004, S. 73) verweisen auf weitere „soziale Reaktionen wie Horchen, .. Schreien, Festsaugen, Umklammern und Anschmiegen." Diese Verhaltensweisen richten sich nicht auf eine spezielle Person, sondern sind unspezifisch und sorgen dafür, dass sich jemand, in der Regel die Mutter, dem Kind zuwendet. Bowlby bezeichnet das Kind in dieser Phase als nicht gebunden (vgl. 2006a, S. 258).

Die zweite Phase der Bindung beschreibt Bowlby als **„Orientierung und Signale, die sich auf eine (oder mehrere) unterschiedene Person (Personen) richten"** (2006a, S. 257). Diese Phase dauert etwa bis zum sechsten Lebensmonat des Babys an. Das Kind verhält sich wie in der ersten Phase beschrieben, richtet sein Verhalten aber primär auf seine Hauptbindungsperson (meist die Mutter). Grossmann und Grossmann nennen diese Phase auch „zielorientierte Phase" (2004, S. 73). Ob das Kind in dieser Phase gebunden ist, hängt, so Bowlby, davon ab, wie man 'Bindung' definiert (vgl. 2006a, S. 259).

**„Aufrechterhaltung der Nähe zu einer unterschiedenen Figur durch Fortbewegen und durch Signale"** bezeichnet die dritte Phase, die etwa im Alter von zwei bis drei Jahren endet (Bowlby 2006a, S. 257). Kennzeichen dieser Phase ist die fortgeschrittene Beweglichkeit des Kindes, die ihm ermöglicht, seiner Mutter zu folgen. Das Kind ist in der Lage seine Mutter zu rufen, ihr zu folgen oder sie zu suchen, um so jederzeit die Nähe zur Mutter wiederherzustellen. „Der Säugling hat jetzt eine rudimentäre Vorstellung von seiner Mutter als Quelle von Schutz, Trost und Wohlbehagen" (Grossmann, Grossmann 2004, S. 74). Während dieser Phase entwickelt sich die Kommunikationsfähigkeit des Kindes weiter. Es ist nun in der Lage nach seiner Mutter zu rufen und differenzierte Laute von sich zu geben, die der Mutter signalisieren, welches Bedürfnis das Kind gerade hat. Das Kind kann die Reaktionen seiner Hauptbindungsperson relativ zuverlässig vorhersagen und kann damit sein Bindungsverhalten entsprechend anpassen. Grossmann und Grossmann sprechen weiter davon, dass das Kind „sein Ziel dabei auch der Bindungsperson anpassen, es 'korrigieren' (goal-corrected) [kann], wenn z.b. die Mutter inzwischen ihren Aufenthaltsort gewechselt hat. Es protestiert jetzt, wenn sie unerwartet und ohne seine Einwilligung weggeht" (2004, S. 74). Bowlby fasst diese Entwicklung folgendermaßen zusammen: „Während dieser Phase werden einige der Systeme, die das Verhalten eines Kindes gegenüber seiner Mutter vermitteln, auf einer zielkorrigierten Basis organisiert, und dann tritt seine Bindung an die Mutterfigur für alle deutlich in Erscheinung," das Kind ist also eindeutig an seine Mutter gebunden (2006a, S. 258).

Die vierte Phase ist die der „**zielkorrigierten Partnerschaft**" (2006a, S. 258). Während dieser Phase lernt das Kind immer mehr, seine Mutter zu verstehen. Das Kind kann die Ziele seiner Mutter erkennen und hat auch immer mehr die Fähigkeit, zu erkennen, „worin mögliche Interessenskonflikte zwischen den Plänen seiner Mutter und seinen eigenen Wünschen bestehen können" (Grossmann, Grossmann 2004, S. 75). Das Kind versucht die Pläne seiner Mutter so zu verändern, dass sie seinen Vorstellungen entsprechen. Bowlby spricht davon, dass „sein Weltbild weit komplexer und sein Verhalten potenziell viel flexibler" ist (2006a, S. 258). Zwischen Kind und Mutter entsteht eine Beziehung, die Bowlby mit dem Begriff der Partnerschaft beschreibt. Diese Phase kann nach Grossmann und Grossmann „erst beginnen, wenn das Kind sprechen kann und versteht, was die Bindungsperson beabsichtigt, und mit ihr verhandeln kann" (2004, S. 75). Bowlby nimmt an, dass diese Phase um den dritten Geburtstag des Kindes oder später beginnt (vgl. 2006a, S. 258).

## 2.3 Verhaltenssysteme

Bowlby, der aus der Tradition der Psychoanalyse kommt, prägt in seiner Bindungstheorie das Konzept der Verhaltenssysteme. Im Gegensatz zu Freud verwendet Bowlby den Begriff 'Trieb' nicht. Bowlby setzt an die Stelle eines Triebsystems, das psychische Energie regelt, ein Konzept von Verhaltenssystemen, die den Menschen steuern und regulieren. Die Verhaltenssysteme erhalten Informationen sowohl aus der Umwelt des Menschen, als auch von ihm selbst (vgl. Grossmann, Grossmann 2004, S. 36).

Der Mensch verfügt über ein genetisch festgelegtes Potenzial, Verhaltenssysteme auszubilden. Wie sich die Verhaltenssysteme in der Ontogenese eines Menschen ausbilden, kann qualitativ sehr unterschiedlich sein. „Das genetische Programm muß also die Möglichkeit enthalten, für die Ausbildung eines Phänotyps, eines Individuums, verschiedene Wege gehen zu können" (Grossmann, Grossmann 2004, S. 37).

Das Bindungssystem ist unabhängig von anderen Motivationssystemen. Es ist ein eigenständiges System, das gleichrangig mit anderen Verhaltenssystemen agiert.

Neben dem Verhaltenssystem von 'Bindung' existiert das Explorationsverhaltenssystem. Das Explorationsverhaltenssystem ist aktiv, wenn das Bindungsverhaltenssystem inaktiv ist. Wenn das Kind kein Bindungsverhalten zeigt, sich also sicher fühlt, kann es seine Umwelt erkunden und explorieren. Sobald das Kind die Nähe zur Bindungsperson gefährdet sieht, ist das Explorationsverhaltenssystem inaktiv und Bindungsverhalten wird gezeigt. Beide Systeme „werden als getrennte, jedoch integrale und sich ergänzende Systeme betrachtet, weil beide in einem weiteren verhaltensbiologischen und ontogenetischen Rahmen für die Anpassung an bestimmte Lebensgegebenheiten zusammenwirken. ... Das Zusammenspiel von Bindung und Exploration, Kommunikation und mentalem Erkunden zeigt sich in allen Situationen, die Neuorientierung und Anpassung verlangen, oder es versagt, wenn die bindungspsychologischen Voraussetzungen unsicher sind" (vgl. Grossmann, Grossmann 2004, S. 77).

### 2.3.1 Bindungsverhalten

„Die meisten Leute denken bei Angst an das Weglaufen vor irgend etwas. Aber das Ganze hat auch eine zweite Seite. Wir laufen zu jemandem, meist zu einer Person."
(Brief von J. Bowlby an seine Frau vom 3. Mai 1958, zit. nach Hesse, Main 2002, S. 227)

Die Bindung zwischen Mutter und Kind kommt durch einen komplexen Prozess, an dem verschiedene Verhaltenssysteme beteiligt sind, zu Stande. Ziel ist, die Nähe zwischen Kind und Mutter herzustellen (vgl. Bowlby 2006a, S.177). Bindungsverhalten habe „eine ungemein große Variationsbreite in Aktivierung, Form und Intensität" (Bowlby 2006a, S. 249).

Durch die Fürsorge einer Bindungsperson, wird das Kind sein Bindungsverhalten primär an diese bemutternde Person richten. Bindungsverhaltensweisen sind u.a. Weinen, Anklammern, Rufen, Protest beim Verlassen werden und Nachfolgen. Diese Verhaltensweisen sollen die Nähe zur Hauptbindungsperson wiederherstellen (vgl. Grossmann, Grossmann 2004, S. 70).

Bowlby unterscheidet zwischen zielkorrigierten und nicht zielkorrigierten Verhaltenssystemen. Nicht zielkorrigierte Verhaltenssysteme zeigen sich im Säuglingsalter, während zielkorrigierte vor allem erst nach dem ersten Lebensjahr auftreten. Letztendlich dominieren die zielkorrigierten Verhaltenssysteme.

Bowlby führt Beispiele für nicht zielkorrigierte Verhaltenssysteme an, die die Nähe zur Mutter zur Folge haben. Eine Mutter wird sich ihrem Baby nähern, wenn es sie anlächelt (Anlächeln ist in diesem Fall das nicht zielkorrigierte Verhaltenssystem). Bowlby beschreibt das frühe Lächeln des Säuglings als eine erbkoordinierte Reaktion, die durch den Anblick des frontal zugewandten Gesichts der Mutter ausgelöst wird, „durch soziale Interaktion verstärkt und mit dem Aufnehmen auf den Arm abgeschlossen sein wird" (2006a, S. 243).

Das zweite nicht zielkorrigierte Verhaltenssystem, das Bowlby beschreibt, ist das Schreien, das ebenfalls die Nähe zur Bindungsperson zur Folge hat.

Zielkorrigiertes Verhalten zeigt sich zunehmend nach dem achten Lebensmonat, wenn der Säugling in der Lage ist, sich fortzubewegen. Das Kind hat nun die Fähigkeit seiner Mutter zu folgen, wenn sie sich entfernt und sein Verhalten auch entsprechend zu verändern, damit die Nähe zur Mutter hergestellt wird. Ein weiteres zielkorrigiertes Verhaltenssystem ist das Rufen. Das Kind setzt es gezielt ein, um seinen Willen zu bekommen (vgl. Bowlby 2006a, S. 243f).

Betrachtet man das Bindungsverhalten im Kontext der Evolution, so lässt sich feststellen, dass die Bindung zu einer Person gewissen Schutz vor Fremden und Fremdem bedeutete. Für das Überleben eines hilflosen Kindes ist die Bindung zu einer Person, die bereits weiß, wo Gefahren vorhanden sind, überlebenswichtig (vgl. Grossmann, Grossmann 2004, S. 37). Das Kind ist bei seiner Geburt hilflos seiner Umwelt ausgesetzt und ohne die Hilfe seiner Mutter nicht überlebensfähig. Das Bindungsverhalten dient der Lebenserhaltung des Kindes (vgl. Bowlby 2006a, S. 181).

Gezeigtes Bindungsverhalten und die dauerhaft bestehende Bindung zu einer anderen Person sind zu unterscheiden. Bindungsverhalten wird nur unter Belastung gezeigt, also nur wenn das Bindungsverhaltenssystem aktiv ist. Ist es das nicht, lässt sich kein Bindungsverhalten beobachten. Trotzdem besteht aber eine Bindung zwischen diesen Personen. „Um eine bestehende Bindung beobachten zu können, muß man auf eine unfreiwillige Trennung oder Gefährdung der Bindungsbeziehung warten oder sie gezielt provozieren. Die gezielte Provokation einer unfreiwilligen Trennung dient aus diesem Grund auch als häufiger Test zur Prüfung von Bindungen in jedem Alter" (Grossmann, Grossmann 2004, S. 70).

Von Bindungsverhalten spricht man erst, wenn das Kind seine Mutter erkennt und wenn es „sich auch so verhält, dass die Nähe zu ihr aufrechterhalten bleibt" (Bowlby 2006a, S. 196). Im ersten Lebensjahr eines Kindes zeigt sich das Bindungsverhalten durch Schreien bei Weggang der Mutter und durch Anlächeln, Armausstrecken und Freudenschreien, wenn sie wieder zurückkehrt. Hier sei auf zwei Studien von Ainsworth verwiesen, die belegen, dass Kinder mit 6 Monaten bereits Bindungsverhalten zeigen, dass sich nicht nur durch Schreien äußert, sondern auch durch Anlächeln usw. (Ainsworth 1963; 1967).

Bowlby führt in diesem Zusammenhang noch eine weitere Studie an: Schaffer und Emerson (1964) stellten fest, dass „ein Drittel der Kinder mit sechs Monaten und drei Viertel mit neun Monaten Bindungsverhalten" zeigten (Bowlby 2006a, S. 198).

In allen Studien gab es einen kleinen Teil von Kindern, die sehr verzögert Bindungsverhalten zeigten. Bowlby fasst zusammen, dass sich das Bindungsverhalten erstmals zwischen weniger als vier Monaten und bis zu zwölf Monaten nach der Geburt zeigt (vgl. 2006a, S. 198).

Die Intensität des Bindungsverhaltens der Kinder in den Studien von Ainsworth (1963; 1967) und Schaffer und Emerson (1964) wechselte in unregelmäßigen Abständen. Bowlby stellt fest, dass die Ursache dafür sowohl organischer (Hunger, Schmerz, Krankheit), als auch umweltbedingter Art sein kann (z.b. wenn das Kind durch irgendetwas verstört ist) (vgl. 2006a, S. 199). Schaffer und Emerson (1964) haben beobachtet, „dass die Intensität der Bindung eine Zeit lang zunahm, wenn die Mutter abwesend gewesen war" (Bowlby 2006a, S. 199).

Zeigt ein Kind kein Bindungsverhalten in Situationen, in denen das Bindungsverhaltenssystem aktiv sein sollte (z.b. bei einer provozierten Trennung von der anderen Person), dann ist das ein Hinweis darauf, dass entweder keine Bindung zwischen Kind und dem Erwachsenen besteht, oder dass das Kind schon zu oft von dieser Person zurückgewiesen wurde und „sie ihre Schutzfunktion zu selten oder gar nicht ausübt" (Grossmann, Grossmann 2004, S. 71).

Bowlby nennt verschiedene Bedingungen die Bindungsverhalten aktivieren können und es in Form und Intensität beeinflussen. Bindungsverhalten kann ausgelöst werden, wenn das Kind müde, hungrig oder krank ist, wenn es friert oder Schmerzen hat. Außerdem kann das Verhalten der Mutter Bindungsverhalten aktivieren. Dies geschieht, wenn sie weggeht, abwesend ist oder das Nähe suchende Kind abwehrt. Andere Umweltbedingungen können das Auftreten alarmierender Geschehnisse oder Abwehrhandlungen anderer Menschen sein. Meist wird Bindungsverhalten deaktiviert, wenn das Kind die Nähe zur Mutter wieder herstellen konnte. Mitunter ist der körperliche Kontakt für das Beenden des Bindungsverhaltens entscheidend (vgl. Bowlby 2006a, S. 250f).

Wichtig für die psychologische Praxis ist die Beobachtung von Bindungsverhaltensstrategien. Möchte man diese erkennen, müssen drei Faktoren berücksichtigt werden,

„1. die momentane Stimmung des Kindes,
2. die Vertrautheit der Umgebung aus seiner Sicht und
3. die physische, wie psychische Verfügbarkeit der Bindungsperson" (Grossmann, Grossmann 2004, S. 78).

Solange sich ein Kind sicher fühlt, exploriert es, wenn jedoch Gefahr droht, zieht es sich in die Nähe seiner Bindungsperson zurück. Es gibt Situationen in denen man Bindungs- und Explorationsverhalten nicht genau unterscheiden kann, daher sind Situationen im Gesamtkontext zu beurteilen und nicht isoliert voneinander.

## 2.3 Verhaltenssysteme

„Besonders hilfreich ist das systeme Bindungsdenken im Hinblick auf Verhaltensstrategien in unsicheren Bindungen. Wenn ein kleines Kind z.b. in Situationen emotionaler Belastung, die es durch negative Gefühlsäußerungen und Bindungsverhalten deutlich macht, häufig nicht beachtet wird oder Zurückweisung durch die Bindungsperson erfährt, lernt das Kind, negative Gefühle und Bindungsverhalten nicht zu zeigen oder umzulenken, um auf diese Weise das gewünschte Ziel, in die schützende Nähe der Bindungsperson zu gelangen, doch zu erreichen. Emotionale Belastung löst dann beim Kind widersprüchliche Gefühle aus: Es braucht die Nähe zu seiner Bindungsperson, um geschützt zu werden, aber es weiß, daß das dafür angemessene Verhalten zu Zurückweisung führen kann. Die Lösung dieses Konfliktes liegt für ein Kind z.b. in Verhaltensweisen, die Gefühlsäußerungen der Hilfsbedürftigkeit und Bindungsverhalten vermeiden. Es wird sich 'wie zufällig' und seine Aufmerksamkeit auf die Umwelt richtend im Schutzbereich der Bindungsperson aufhalten, um ihren Schutz zu erhalten, aber es vermeidet, seine negativen Gefühle der Bindungsperson gegenüber direkt zu äußern und entsprechend zu handeln" (vgl. Main 1982; Grossmann & Grossmann, Schwan 1986, zit. nach Grossmann, Grossmann 2004, S. 78f).

„Die Zunahme im Wahrnehmungsvermögen eines Kindes und in seiner Fähigkeit Geschehnisse in seiner Umgebung zu verstehen, führt jedoch zu einer Veränderung der Umstände, unter denen Bindungsverhalten ausgelöst wird" (Bowlby 2006a, S. 200). Nach dem ersten Lebensjahr verstehen Kinder die Signale ihrer Mutter bereits so gut, dass sie bemerken, wenn sie weggehen will und protestieren noch vor dem Weggang. Wenn das Kind dann das dritte Lebensjahr vollendet hat, akzeptiert es das Fortgehen der Mutter. Das Kind hat ein gewisses Sicherheitsgefühl, wenn drei Bedingungen erfüllt sind. Die Personen, in dessen Obhut das Kind gelangt, müssen ihm bekannt sein. Außerdem „muss das Kind gesund und darf nicht verstört sein" (Bowlby 2006a, S. 201). Und drittens muss das Kind sicher sein, dass die Mutter jederzeit erreichbar ist und es sollte wissen, wo sie sich aufhält (vgl. Bowlby 2006a, S. 201).

Bowlby beschreibt, dass das Bindungsverhalten nach dem dritten Geburtstag meist weniger häufig und weniger intensiv zu beobachten ist als vorher. Es bliebe jedoch „weiterhin ein Hauptaspekt ihres Verhaltens" (2006a, S. 203). Kinder im Vorschul- bzw. im frühen Schulalter zeigen Bindungsverhalten zum Beispiel durch das Greifen nach der mütterlichen Hand beim Spazierengehen oder dadurch, dass sie sich trösten lassen, wenn ein anderes Kind sie geärgert hat. Bei Angst suchen Kinder in diesem Alter den Schutz der Hauptbindungsperson oder einer Ersatzperson, die gerade verfügbar ist (vgl. Bowlby 2006a, S. 203).

Bowlby vermutet, dass die Erfahrung, die ein älteres Kind bereits gesammelt hat, entscheidend dafür sein kann, dass das Bindungsverhalten nicht mehr so leicht aktiviert wird, wie bei einem Säugling. Das Kind hat beispielsweise gelernt, dass seine Mutter wieder zurückkommt, wenn sie es verlässt. Außerdem hat ein älteres Kind die Möglichkeit sich sprachlich mit seiner Bindungsperson auseinanderzusetzen, so dass Absprachen getroffen werden können, die ein Auslösen von Bindungsverhalten unnötig machen. Zusätzlich ist festzuhalten, dass Bindungsverhalten bei älteren Kindern zunehmend durch symbolische Handlungen beendet werden kann (z.b. durch Telefongespräche, Fotografien). Bowlby hält es außerdem für möglich, dass endokrine Veränderungen eine Hauptrolle spielen können. Allerdings fehlen dazu wissenschaftliche Bestätigungen (vgl. 2006a, S. 253).

Während der Adoleszenz schwächt die kindliche Bindung zu der Hauptbezugsperson ab. Andere Erwachsene können eine ebenso wichtige oder noch wichtigere Rolle als die Eltern einnehmen. Beziehungen zu Gleichaltrigen gewinnen an Relevanz und die ersten sexuellen Beziehungen werden eingegangen. Bowlby beschreibt zwei Extremgruppen. Zum einen lassen sich Adoleszenten finden, die sich extrem von ihren Eltern lösen und zum anderen welche, die sehr stark an ihre Eltern gebunden bleiben und ihr Bindungsverhalten nicht auf andere richten wollen oder können. Dazwischen befindet sich die Mehrheit, die eine starke Bindung zu ihren Eltern hat und gleichzeitig Beziehungen zu Gleichaltrigen intensiviert.

Im Erwachsenenalter zeigt sich das Bindungsverhalten auf andere Art, als in der Kindheit. Ein Erwachsener der krank ist, stellt „oft große Ansprüche an andere. Bei plötzlicher Gefahr oder in Unglücksfällen sucht der Mensch fast immer die Nähe einer bekannten Person, zu der er Zutrauen hat" (Bowlby 2006a, S. 204).

Im Alter wird das Bindungsverhalten nicht mehr auf ältere Personen, sondern auf jüngere Menschen (vgl. Bowlby 2006a, S. 203).

### 2.3.2 Explorationsverhalten

Ein weiteres primäres Verhaltenssystem ist das Explorationsverhaltenssystem, das weitgehend durch Neugier angetrieben wird. „Die Neugier ist ein wesentliches Motivationssystem von Lebewesen, die im Verlauf ihrer Entwicklung sehr viel lernen und auf dieser Grundlage unter sehr unterschiedlichen Umweltbedingungen leben können" (Schölmerich, Lengning 2004, S. 198).

Schölmerich und Lengning unterscheiden verschiedene Formen von Explorationsverhalten. Eine Unterscheidung kann man zwischen distaler und proximaler Exploration treffen. Distale Exploration bedeutet Erkundung von gewisser Entfernung aus. Als Beispiel ist das Beobachten von einem bestimmten Ereignis anzuführen. Distale Exploration erfolgt über visuelle und/oder auditive Aktivität. Sobald ein Kind sprechen kann, kann distale Exploration auch über verbalen Austausch stattfinden. Proximale Exploration geschieht in direktem Kontakt mit dem Objekt. Manipulative und taktile Handlungen in Verbindung mit visueller und auditiver Aktivität sind Bestandteil von proximaler Exploration (vgl. Schölmerich, Lengning 2004, S. 200).

Explorationsverhalten ist bereits bei Neugeborenen zu beobachten. Es reagiert auf soziale Reize, wie der Anblick eines Gesichtes oder etwas Gesichtsähnliches. Sobald der Säugling in der Lage ist zu greifen, kann er Objekte zu sich holen und sie betrachten oder mit Hand und Mund befühlen. Kann das Kind krabbeln oder sich anders fortbewegen, hat es noch mehr Möglichkeiten zu explorieren. Nun hat es die Fähigkeit, selbst zu den Objekten, die seine Neugier geweckt haben, zu gelangen. Mit eineinhalb Jahren beginnt ein Kind mit Gegenständen „zu experimentieren und neue Objekte systematisch zu untersuchen" (Schölmerich, Lengning 2004, S. 201). Der Spracherwerb ermöglicht dem Kind die epistemische Exploration.

Betrachtet man Explorationsverhalten im Kontext der Bindungstheorie, ist festzuhalten, dass sich ein Kind, das sich sicher fühlt und sich der Nähe seiner Mutter gewiss ist, auf kleine Exkursionen begeben wird, sofern es dazu in der Lage ist. Kinder erkunden ihre Umgebung, suchen aber auch immer wieder Schutz bei der Mutter und kehren zu ihr zurück. Ainsworth (1967) beobachtete dieses Verhalten vorwiegend bei Kindern, die älter als acht Monate waren (vgl. Bowlby 2006a, S. 205). Bowlby stellte fest, dass Kinder in diesem Alter häufig ihre Umgebung erkunden, solange sie ihre Mutter in der Nähe wissen. Sie nutzen ihre Bindungsperson als sichere Basis. Schölmerich und Lengning beschreiben das Explorationsverhaltenssystem zwar als eigenständig, aber „in dem spezifischen Altersbereich [Säuglings-, Kleinkindalter] dem Sicherheitssystem untergeordnet" (2004, S. 203).

## 2.4 Internale Arbeitsmodelle

Aufgrund der Interaktion zwischen Säugling und seiner Bindungsperson entwickelt der Säugling eine Erwartungshaltung gegenüber seiner Bindungsperson. Mit der Zeit lernt er Verhalten und Reaktionen der Bindungsperson kennen und einzuschätzen. Diese „Eltern-Kind-Transaktions-muster" sind die Grundlage für die Ausbildung von internalen Arbeitsmodellen „des Selbst mit der Bindungsperson" (Bretherton 2002, S. 13). Internale Arbeitsmodelle sind Modellvorstellungen von Bindung. Im Laufe der frühen Ontogenese „entwickelt sich das innere Arbeitsmodell zu einer stabilen mentalen Repräsentation der Bindungsbeziehung, die als Resultat eines Optimierungsprozesses handlungsleitend für aktuelle Bindungskontexte werden kann" (Grossmann 2004, S. 71).

Aufgabe dieser Inneren Arbeitsmodelle ist die Interpretation und Vorhersage des Verhaltens der Bindungsperson und die Regulierung des Bindungsverhaltens, den eigenen Gedanken und Gefühlen (vgl. Bretherton 2002, S. 13).

Bowlby legte Wert auf den Begriff des Arbeitsmodells, da es impliziert, dass es tatsächlich arbeitet und veränderbar ist. Diese dynamische Bezeichnung ist wichtig für das Verständnis des Internalen Arbeitsmodells. Die mentalen Repräsentationen „ermöglichen, die Bedeutung aktueller Ereignisse zu erkennen, weitere Handlungen zu steuern und Erwartungen über die Zukunft zu bilden" (Bretherton 2002, S. 15).

Mit Hilfe von Beobachtung des Verhaltens kann man internale Arbeitsmodelle bei präverbalen Kindern erschließen. Bei Kleinkindern können bindungsrelevante Themen sprachlich erarbeitet werden, z.B. mit Hilfe des Geschichtenergänzungsverfahrens (vgl.

Kap. 2.5.2). Bei Erwachsenen werden internale Arbeitsmodelle im Erwachsenen-Bindungs-Interview (vgl. Kap. 2.5.3) deutlich.

„Ein inneres Arbeitsmodell des Selbst als geschätzter und kompetenter Mensch entsteht ... zusammen mit einem komplementären Arbeitsmodell von Eltern, die als emotional verfügbar und gleichzeitig als explorationsunterstützend repräsentiert werden" (Bretherton 2002, S. 17). Demgegenüber verhält es sich mit einem ablehnenden Verhalten der Bindungsperson gegenüber dem Kind umgekehrt. Kinder, die von ihren Eltern kategorisch abgelehnt oder vernachlässigt werden, Verdrängen solche beängstigenden Erinnerungen aus dem Gedächtnis. Bowlby kam zu dem Schluss, „daß Kinder in solchen Beziehungen zwei widersprüchliche Arbeitsmodelle des Selbst mit seinen Eltern entwickeln" (Bretherton 2002, S. 18).

Er vermutet, dass die zwei mentalen Arbeitsmodelle sich in ihrem Ursprung, ihrer Dominanz und dem Ausmaß voneinander unterscheiden und der Person auch in unterschiedlichem Ausmaß bewusst sind (vgl. Bowlby 2006b, S. 196). „Bei einer Person, die unter emotionalen Störungen leidet, stellt man gewöhnlich fest, dass das Modell mit dem größten Einfluss auf ihre Wahrnehmungen und Voraussagen und damit auf ihre Gefühle und Verhaltensweisen, ein Modell ist, das in den ersten Lebensjahren entwickelt wurde und der Person unter Umständen relativ oder vollständig unbewusst ist; gleichzeitig kann in ihr ein zweites und vielleicht völlig anderes Modell wirksam sein, das viel intellektueller und der Person weitaus bewusster ist und von ihr fälschlicherweise als das dominierende Modell betrachtet wird" (Bowlby 2006b, S. 196). Das Modell, das repräsentiert was tatsächlich passiert ist, wird verdrängt und das andere zeichnet ein Bild des Selbst als nicht liebenswert. Das Verhalten der Eltern wird als verdient oder selbstverschuldet angenommen (Bretherton 2002, S. 18).

Grundsätzlich muss man beachten, dass es sich bei dem Konzept des internalen Arbeitsmodells um ein theoretisches System handelt, das rein hypothetisch ist und nur aufgrund von sprachlichen Äußerungen des Probanden erschlossen werden kann (Grossmann, Grossmann 2004, S. 441).

## 2.5 Erhebungsverfahren

In diesem Kapitel werden drei Verfahren vorgestellt mit denen die Bindungsqualität von Säuglingen und Kleinkindern klassifiziert werden kann. Das Erwachsenenbindungsinterview dient der Bestimmung der Bindungsrepräsentation von Erwachsenen, wird in leicht abgewandelter Form auch bei Jugendlichen angewendet.

Grossmann und Grossmann (2004) gehen „von einer weitgehenden Parallelität zwischen den inneren Vorgängen und dem Verhalten" aus (S. 36). Daher ist die Analyse von Verhaltensweisen ein möglicher Zugang zu den mentalen Vorgängen der Person. Ein Kind müsse man immer im Zusammenhang mit seiner Bindungsperson „als natürliche Einheit" verstehen. „Durch Verhaltensbeobachtung können frühe Phasen in der Entwicklung subjektiv beschrieben und die Bedingungen und Konsequenzen einer spezifischen Persönlichkeitsentwicklung in konkreten Situationen untersucht werden" (vgl. Grossmann & Spangler 1990, zit. nach Grossmann, Grossmann 2004, S. 36).

Es gibt inzwischen viele verschiedene Verfahren um die Bindungssicherheit bei Säuglingen und Kleinkindern zu messen. Als weitere Beispiele sind hier Untersuchungen mit Hilfe bildlicher Darstellungen von Trennungen (Kaplan 1987), das Attachment-Q-Sort-Verfahren (Waters 1987) und der Attachment Story Completion Test von Bretherton et al. (2001) zu nennen.

### 2.5.1 Die Fremde Situation

Eine Studentin Bowlbys, Mary Ainsworth, untersuchte Bowlbys Erkenntnisse auf empirischem Weg. Sie führte eine Felduntersuchung in Uganda durch. Ainsworth beobachtete die Mutter-Kind-Interaktion über Jahre hinweg, bis sie 1954 ihre Studien dort abschloss. In den USA begann sie Beobachtungen an 26 Säuglingen und ihren Müttern in Baltimore. Über die Jahre konnte sie einen Zusammenhang zwischen der Bindungsqualität und der Mutter-Kind-Interaktion feststellen (vgl. Main 2002, S. 173).

Aus den Erkenntnissen die sie gewann, entwickelte sie mit ihren Mitarbeitern das standardisierte Beobachtungsverfahren, das sie „Fremde Situation" nannte (vgl. Main 2002, S. 176). Ziel dieses Verfahrens war ursprünglich „universelle Gegebenheiten beim Bindungs- und Explorationsverhalten einjähriger Kinder zu illustrieren" (Main 2002, S. 176). Aufgrund der Tatsache, dass nur ein Teil der Kinder sich so verhielt wie erwartet (diese wurden später als sicher gebunden klassifiziert), führte Ainsworth eine Blindstudie durch, die drei verschiedene „Muster von [mütterlichem] Pflegeverhalten" offenbarte. Wurde dieses Muster mit dem Verhalten des Kindes in der Fremden Situation in Zusammenhang gebracht, zeigten sich Zusammenhänge zwischen Pflegeverhalten der Mutter und Bindungs- bzw. Explorationsverhalten des Kindes (Main 2002, S. 177).

Aus diesen Erkenntnissen ergab sich die Untersuchung der Bindungsqualität von einjährigen Kindern zu ihren Müttern mit der Fremden Situation. Die Fremde Situation lässt sich nur mit Kindern im Alter zwischen 11 und 20 Monaten durchführen. Aufgrund der kognitiven und sprachlichen Fortschritte des Kindes ab ca. 20 Monaten ist eine valide Durchführung der Fremden Situation nicht mehr gewährleistet. Ein Kind in diesem Alter kann bereits kompetent genug sein, um eine kurze Trennung von der Bindungsperon zuzulassen, ohne Bindungsverhalten zu zeigen (z.B. durch vorherige sprachliche Verständigung über das Weggehen der Bindungsperson) (vgl. Grossmann, Grossmann 2004, S. 137).

Ainsworth erkannte bei Hausbesuchen im Rahmen ihrer Studien, dass ein Säugling entweder Bindungs- oder Explorationsverhalten zeigt. Wie bereits oben beschrieben ist das Explorationsverhaltenssystem nur aktiv, wenn das Kind um die Nähe seiner Bindungsperson weiß und von dieser sicheren Basis aus seine Umgebung erkunden kann. Sobald das

Kind Gefahr oder Unbehagen verspürt, sucht es wieder die Nähe seiner Bindungsperson und sein Bindungsverhaltenssystem ist aktiv.

In Anlehnung an Grossmann und Grossmann zeigt die Abbildung 2.1 die Balance zwischen Bindungs- und Explorationsverhalten. Bei Missbehagen, Distress oder Leid zeigt das Kind Bindungsverhalten, das Explorationsverhaltenssystem ist inaktiv. Im umgekehrten Fall, also bei Wohlbefinden zeigt ein Kind Explorationsverhalten, das Bindungsverhaltenssystem ist nicht aktiv.

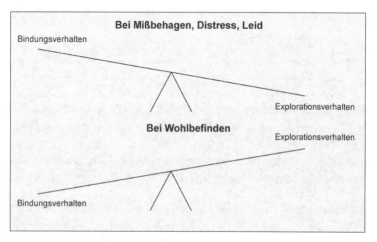

**Abbildung 2.1:** Konzept der Bindungs-Explorations-Balance; vgl. Quelle: Grossmann, Grossmann 2004, S. 133

Ainsworth erkannte diese Systematik und nutzte sie für ihr Verfahren. Um Bindungsverhalten untersuchen zu können, muss das Bindungsverhaltenssystem aktiv sein. Es müssen also Situationen geschaffen werden, die beim Kind Stress auslösen, damit es Bindungsverhalten zeigt.

Die Fremde Situation ist ein standardisiertes Verfahren, das episodisch verläuft und in dem das Verhalten des Kindes beobachtet und analysiert wird. Das Verfahren findet in einem Raum statt, der dem Kind und seiner Bindungsperson fremd ist. Der Raum ist mit Spielzeug attraktiv ausgestattet, sodass die Neugier des Kindes angeregt wird. Etwas abseits vom Spielzeug steht ein Stuhl, auf den sich die Bindungsperson setzen soll. Sie bekommt die Anweisung nur auf das Kind zu reagieren und „selbst keine Initiative zu ergreifen, um dem Kind keine Entscheidungen abzunehmen" (Grossmann, Grossmann 2004, S. 134).

## 2.5 Erhebungsverfahren

Die Fremde Situation durchläuft acht Episoden, die jeweils drei Minuten dauern (es sei denn, der Stress ist für das Kind zu groß, dann wird entsprechend verkürzt). Die folgende Tabelle zeigt den Verlauf des Verfahrens. Es sind die Anwesenden in den verschiedenen Episoden, sowie die Beobachtungsschwerpunkte aufgeführt.

| Episode | Anwesend | Beobachtungsschwerpunkte |
|---|---|---|
| 1 | Mutter, Baby, einführende Person | Spontane Trennung von der Mutter |
| 2 | Mutter, Baby | Exploration, Spielqualität, Kommunikation zwischen Mutter und Kind |
| 3 | Mutter, Baby, fremde Person | Reaktion auf fremde Person, Aufbau einer Spielbeziehung zur Fremden, Rückversicherung zur Mutter |
| 4 | Baby, fremde Person | Trennungsschmerz, Spielbeziehung, Suchverhalten, Spielqualität |
| 5 | Mutter, Baby, fremde Person geht sofort | Grußverhalten, Bindungsverhalten, sichere Basis, Rückkehr zum Spiel, Bewertung der Interaktionsskalen *Nähe Suchen, Kontakt Erhalten, Kontakt Widerstand* und *Nähe Vermeiden* |
| 6 | Baby allein | Trennungsschmerz, Spielqualität, Bewältigungsstrategie |
| 7 | Baby, fremde Person | Spezifisches Grußverhalten zur Fremden, Bereitschaft, sich trösten zu lassen, Spielqualität, Suchverhalten |
| 8 | Mutter, Baby | Grußverhalten, Bindungsverhalten, sichere Basis, Rückkehr zum Spiel, Bewertung auf den Interaktionsskalen *Nähe Suchen, Kontakt Erhalten, Kontakt Widerstand* und *Nähe Vermeiden* |

**Tabelle 2.1:** Die Fremde Situation; Tab. nach: Grossmann, Grossmann 2004, S. 134

Das Kind wird mit wiederholten Trennungen von der Bindungsperson (Mutter) konfrontiert. Der Stress, den das Kind dabei erleidet, wird mit jeder Episode gesteigert. Damit erhöht sich auch die Schutzbedürftigkeit des Kindes, unabhängig davon, welche Bindungsqualität es zu seiner Bindungsperson hat und wie es seinen Schmerz äußert (vgl. Grossmann, Grossmann 2004, S. 134).

Grossmann und Grossmann beschreiben die Fremde Situation als ein „provoziertes Mini-Drama, eine kontrollierte, systematisierte Situation für ethologische Beobachtungen, die eine kundige Diagnose von Bindungsverhaltensstrategien unter standardisierten Spiel- und Trennungssituationen erlaubt" (2004, S. 137). Die Autoren verweisen an dieser Stelle auf die Bedeutung des Begriffes Verhaltensstrategie. Das Kind hat eine (nicht geplante) Strategie, um sein Ziel, nämlich die Nähe seiner Mutter, zu erlangen.

Dornes (2001, S. 54) weist darauf hin, dass die Ergebnisse der Fremden Situation nur interpretierbar seien, wenn man sie in Bezug zur Interaktionsgeschichte des Säuglings, von seiner Geburt an, mit seiner Bindungsperson setzt.

Um die Ergebnisse, die die Fremde Situation liefert, zu unterstützen, werden inzwischen zusätzlich zur Beobachtung physiologische Parameter des Kindes erhoben (vgl. Grossmann, Grossmann 2004, S. 137).

Ainsworth klassifizierte drei Bindungsmuster, die man als organisierte Bindungsmuster einstuft. Nach Studien von Mary Main (vgl. z.B. Hesse, Main 2002) wurde ein weiteres Bindungsmuster - Desorganisation - klassifiziert.

### 2.5.1.1 Organisierte Bindungsmuster

Ainsworth systematisierte ihre Ergebnisse und fand drei Bindungsmuster, die die Kinder in der Fremden Situation zeigten.

In diesen organisierten Bindungsmuster ist das Verhalten des Kindes und seine Aufmerksamkeit konsistent und kann unter Berücksichtigung z.B. des Pflegeverhaltens der Mutter, als eine adaptive Strategie angenommen werden (vgl. Main 2002, S. 191).

Die Episoden der Wiedervereinigung zwischen Mutter und Kind sind entscheidend für die Zuordnung zu einem Bindungsmuster. Die Klassifikation beginnt mit der Analyse der Wiedervereinigungen aus Sicht des Kindes. Die Interaktion zwischen Mutter und Kind wird mit Hilfe von vier Skalen bewertet, „wie spontan und intensiv ein Kind die Nähe zur Mutter sucht (Skala Nähe Suchen), wie intensiv sich das Kind anklammert (Skala Kontakt Erhalten), wie sehr es Widerstand, Ärger und wütendes Verhalten zeigt (Skala Kontakt Widerstand) und wie intensiv und anhaltend es die Nähe zur Mutter und die Interaktion mir ihr vermeidet (Skala Nähe Vermeiden)" (Grossmann, Grossmann 2004, S. 139).

Das gesamte Verhaltensmuster des Kindes während der Fremden Situation wird anschließend ebenfalls nach einem bestimmten Schema klassifiziert und bewertet (vgl. Grossmann, Grossmann 2004, S. 139).

Nach einer ausführlichen Analyse der Bewältigungsstrategien des Kindes in der Fremden Situation, wird die Bindungsqualität des Kindes zu der Bindungsperson, die in der Fremden Situation anwesend war, bestimmt. Ainsworth unterscheidet die Hauptklassen unsicher-vermeidend (A), sicher (B) und unsicher-ambivalent (C). Sie bestimmte weiterhin verschiedene Unterklassen, die in der Abbildung 2.2 dargestellt sind.

Dargestellt sind die drei Hauptklassen A, B und C (als Eckpunkte) und dazwischen die Unterklassen entlang der Dimensionen Bindungssicherheit von unsicher zu sicher (senkrechte Achse) und der Dimension der Bindungsverhaltensweisen von Deaktivierung bis

## 2.5 Erhebungsverfahren

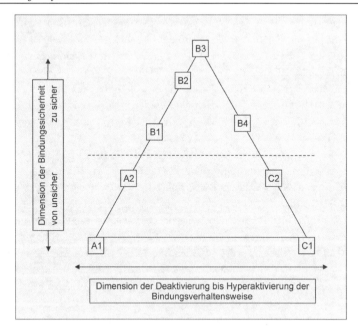

**Abbildung 2.2:** Dimensionen der Bindungsklassifikation mit Unterklassen; vgl. Quelle: Grossmann, Grossmann 2004, S. 142

Hyperaktivierung (waagerechte Achse).

Festzustellen sind zwei Hauptklassen unsicheren Bindungsverhaltens, unsicher-vermeidend (A) und unsicher-ambivalent (C). Der Grafik kann man entnehmen, dass das Bindungsmuster A Bindungsverhaltensweisen deaktiviert, also nicht (A1), oder kaum (A2) zeigt. Das Kind vermeidet Bindungsverhaltensweisen, ist also unsicher-vermeidend gebunden. Im Gegensatz dazu steht das unsicher-ambivalente (C) Bindungsmuster. Das Kind zeigt übertriebene Bindungssignale. Auch hier wird zwischen zwei Subklassen unterschieden, wobei C1 eine absolute Hyperaktivierung der Bindungsverhaltensweisen bedeutet, C2 hingegen dieses Verhalten etwas abgeschwächt zeigt. Sicher gebundene Kinder (B) lassen sich in vier Subklassen differenzieren. Je nach Auftreten vermeidender (B1, B2) oder ambivalenter (B4) Verhaltensweisen wird die Bindungsqualität klassifiziert. Die Subgruppe B3 zeigt „keine Beeinträchtigung des Ausdrucks von Bindungsgefühlen" (Grossmann, Grossmann 2004, S. 143).

**Hauptmerkmale einer sicheren Bindungsqualität (B)**

„Sichere Bindung heißt, sich auf die Hilfe, die Unterstützung und das Mitgefühl einer Bindungsperson verlassen zu können" (Bretherton 2002, S. 17).

Das Kind exploriert während die Mutter anwesend ist, weint sofort wenn diese den Raum verlässt und lässt sich von der fremden Person ungern und nur unzureichend trösten. Bei der Rückkehr der Mutter lässt es sich aber von ihr sofort trösten und beginnt wieder zu explorieren. Grundsätzlich ist das Verhalten des Kindes geprägt von einer „ausgewogenen Balance von Bindungs- und Explorationsverhalten je nach Trennungsgrad" (Grossmann, Grossmann 2004, S. 140). Das Kind sucht aktiv nach der Nähe und Unterstützung seiner Bindungsperson und zeigt seine Gefühle, negative wie positive, offen. Die Bindungsperson fungiert als sichere Basis.

**Hauptmerkmale einer unsicher-vermeidenden Bindungsqualität (A)**

Bis zur ersten Trennung von Mutter und Kind exploriert das Kind, ist freundlich zur fremden Person und zeigt keine negativen Gefühle. Bei der Trennung von der Mutter zeigt das Kind kaum Reaktionen, spielt weiter, auch wenn die Spielqualität abnimmt. Das Kind lässt sich von der fremden Person trösten. Bei der Rückkehr der Bindungsperson ignoriert das Kind diese und wendet sich sogar von ihr ab. Es spielt weiter. Das Kind zeigt weniger negative Gefühle, je belastender die Situation für es ist. Als Gesamtstrategie des Kindes lässt sich ein Vermeiden von Bindungsverhaltensweisen feststellen, was aus Angst vor Zurückweisung der Bindungsperson resultiert (vgl. Grossmann, Grossmann 2004, S. 140).

„Vermeidung bei Kindern wurde spezifisch mit der mütterlichen Ablehnung von kindlichem Bindungsverhalten in Zusammenhang gebracht. ... Manche Mütter von vermeidenden Kindern zogen sich kaum merklich zurück, wenn das Kind versuchte, sie zu berühren, während manche in einer Haltung dasaßen, die Annäherung regelrecht ausschloß" (Main 2002, S. 185).

**Hauptmerkmale einer unsicher-ambivalenten Bindungsqualität (C)**

Das Kind zeigt während der gesamten Fremden Situation kaum Explorationsverhalten. Es klammert sich verängstigt an die Bindungsperson und kann die Trennung von ihr nicht akzeptieren. Mit verzweifeltem Schreien wird gegen die Trennung protestiert. Hilfe der fremden Person wird nicht angenommen. Wenn die Bindungsperson zurückkehrt, drängt es sofort zur Mutter hin. Das Kind zeigt viel Ärger und Wut oder ist nicht in der Lage überhaupt ein Verhalten, außer Weinen zu zeigen. Nach der ersten Trennung von der Mutter zeigt das Kind kein Explora-tionsverhalten mehr. Kennzeichnend für diese Bindungsqualität ist die starke Überbetonung des Bindungsverhaltens, bis hin zur völligen Einstellung von Exploration. Das Kind reagiert auf diese Belastungssituation verzweifelt (vgl. Grossmann, Grossmann 2004, S. 140).

Ainsworth Baltimore-Studie zeigte Korrelationen zwischen unsicher-ambivalenten Verhaltensweisen und der „mütterlichen Unfähigkeit, auf die Signale ihres Säuglings feinfühlig zu reagieren, spezifisch mit der Unvorhersehbarkeit ihrer Reaktionen. Es korrelierte aber nicht mit Ablehnung" (Main 2002, S. 189).

Main gibt ein Beispiel dafür, warum man auch bei unsicher gebundenen Kindern von organisierten Verhaltensmustern spricht. Sie bleiben „dadurch organisiert, daß sie sich beharrlich auf nur einen einzigen Aspekt ihrer Umgebung konzentrieren" (ebd., S. 191).

## 2.5.1.2 Desorganisierte Bindungsmuster

Ainsworth Studien mit Kindern in der Fremden Situation lieferten eine Gruppe von Kindern, die nicht klassifizierbar war. Grossmann und Grossmann sprechen von etwa 10% der Kinder, die keiner der oben beschriebenen Klassifikationen zugeordnet werden konnten. Mary Main beschäftigte sich ausgiebig mit dieser Gruppe und beschrieb sie als desorganisiert bzw. desorientiert in ihrem Bindungsverhalten (vgl. Grossmann, Grossmann 2004, S. 154). Eine desorganisierte Bindung zeigt sich gewöhnlich nur im Zusammenhang mit einer Bindungsperson (Hesse, Main 2002, S. 219).

Desorganisiertes Bindungsverhalten tritt vor allem dann auf, „wenn das Kind sich besonders vor seinen primären, sicheren Zufluchtsorten, d.h. den Bindungsfiguren, fürchtet" (Hesse, Main 2002, S. 224f).

Ein Kind das D-klassifiziert wurde zeigt z.b. folgende Verhaltensweisen in der Fremden Situation. Das Kind hat keine Bindungsstrategie entwickelt. Es zeigt zum einen viel vermeidendes Verhalten, gleichzeitig protestiert es aber massiv bei Trennung von der Bindungsperson. Widersprüchliche Verhaltensweisen sind kennzeichnend für diese Gruppe. Das Kind schwankt zwischen Erkunden und Nähesuchen oder wendet sich von der Bindungsperson ab (z.B. durch Kopfabwenden), während es auf sie zu geht. „Starke Konflikte zeigen sich auch in Stereotypien, asymmetrischen, zeitlich unkoordinierten Bewegungen, anomalen Gesten und Haltungen oder auch in erstarrten, 'eingefrorenen' oder verlangsamten Bewegungen" (Grossmann, Grossmann 2004, S. 154). Außerdem ist es möglich, dass das Kind Aggressionen gegen die Bindungsperson zeigt oder vor ihr Angst hat.

Hesse und Main stellen eine Liste von sieben Bereichen vor, in denen sich desorganisiertes Bindungsverhalten zeigt:

„(1) sequentielle Darstellung widersprüchlicher Verhaltensmuster;
(2) simultane Darstellung widersprüchlicher Verhaltensmuster;
(3) ungerichtete, ziellose, unvollständige oder unterbrochene Bewegungen und Ausdruck;
(4) Stereotypien, asymmetrische Bewegungen, zeitlich unabgestimmte Bewegungen und anomale Körperhaltung;
(5) eingefrorene, plötzlich angehaltene und verlangsamte Bewegungen und Ausdruck;
(6) direkte Hinweise auf Desorganisation, Desorientierung und Konfusion" (2002, S. 222).

Verhaltensweisen, die der D-Kategorie zufallen, zeigen sich häufig nur in kurzen Episoden, die meist nicht länger als 10-30 Sekunden dauern. Daher wird die Klassifikation mit einer neun-Punkte-Skala von Main und Solomon (1999) ergänzt. Diese Skala misst die Ausprägung und Intensität der Desorganisation (vgl. Hesse, Main 2002, 222f).

Es muss beachtet werden, dass sich desorganisiertes Verhalten in Anwesenheit der Bindungsperson zeigen muss, um klassifiziert zu werden. Außerdem merkt Zulauf-Logoz an, dass neurologische Störungen des Kindes ausgeschlossen werden müssen, um eine valide Diagnose stellen zu können (2004, S. 299).

Grossmann und Grossmann nennen unterschiedliche Faktoren, die ein desorganisiertes Bindungsmuster verursachen können. Zum Einen gibt es auf Seite des Kindes genetische, neurologische Faktoren, intrauterine Belastung, häufig wechselnde Pflegepersonen und Bindungs- und Trennungstraumata z.b. durch Misshandlung oder Vernachlässigung. Psychiatrische Erkrankungen, postnatale Depression, Drogenabhängigkeit, fast tödlich verlaufende Krankheit, gehäufte Verluste (Abort, Kindstod, usw.) und Bindungs- und Trennungstraumata auf Seiten der Mutter sind mögliche Ursachen für ein desorganisiertes Bindungsmuster des Kindes. Außerdem nennen die Autoren gesellschaftliche Einflüsse, z.B. die „sozial akzeptierten Trennungen des Kindes von der Mutter, auch über Nacht in einem Kinderhaus oder beim getrennt lebenden Vater" (2004, S. 158).

Defizite in der Verhaltensorganisation beim Säugling können unabhängig von der Feinfühligkeit der Bindungsperson zu einer desorganisierten Bindung führen. Es gibt Hinweise auf eine genetische Disposition für Bindungsdesorganisation (vgl. Grossmann, Grossmann 2004, S. 172).

Desorganisiertes Bindungsverhalten hat nach Hesse und Main die Ursache in folgendem: „Bestimmte Formen von beängstigendem Elternverhalten rufen einander widersprechende biologisch kanalisierte Neigungen zur Annäherung an die Bezugspersonen und gleichzeitig zur Flucht von ihr weg hervor" (2002, S. 220). Die Autoren sprechen außerdem von einem *Zweite-Generation-Effekt*, der eine D-Bindung beim Kind hervorruft, weil ein Elternteil ein ungelöstes Bindungstrauma in die Interaktion mit dem Kind einbringt (vgl. 2002, S. 220).

Bei der Klassifikation eines desorganisierten Bindungsstils wird außerdem festgestellt, welchem organisierten Bindungsstil das Bindungsverhalten des Kindes ähnelt. Ist Bindungsverhalten zu beobachten, dass einer anderen Bindungsklassifikation zufällt, so wird es zusätzlich kodiert. Das Kind kann dann DA, DB oder DC eingestuft werden. Wenn kein anderer Bindungstyp klassifizierbar ist, wird das Kind als DU (desorganisiert-unklassifizierbar) beschrieben (vgl. Zulauf-Logoz 2004, S. 299).

Hesse und Main (2002) beschreiben beim desorganisiert/desorientierten Bindungsmuster zwei verschiedene Typen desorganisierten Verhaltens.

**D-kontrollierend**

D-kontrollierend klassifizierte Kinder kommandieren ihre Eltern in harschem Ton herum. Sie gehen strafend mit ihnen um oder sind extrem besorgt um sie und verhalten sich ihnen gegenüber bemutternd. D-kontrollierendes Verhalten ist gekennzeichnet durch eine Rollenumkehr (Hesse, Main 2000, S. 232).

**D-ängstlich**

D-ängstliches Verhalten zeigt sich bei Kindern dadurch, dass diese Kinder sehr ängstlich sind und keine Strategie haben, um etwas dagegen zu tun (Hesse, Main 2000, S. 232).

In verschiedenen Studien (kurzer Überblick bei Grossmann und Grossmann 2004, S. 160) wurde nachgewiesen, dass ein desorganisiertes Bindungsmuster ein Entwicklungsrisiko für das Kind bedeutet. Nach Hesse und Main sagt ein desorganisiert klassifiziertes Bindungsmuster beim Säugling „störend/aggressive und dissoziative Störungen in Kindheit und Jugendalter vorher" (2002, S. 220). Carlson (1998) belegt in einer Längsschnittstudie einen Zusammenhang zwischen Desorganisation in der Fremden Situation und dissoziativen Störungen beim Jugendlichen.

### 2.5.2 Geschichtenergänzungsverfahren

Das Geschichtenergänzungsverfahren wird bei Kindern im Alter von ca. drei bis sechs Jahren angewendet (vgl. Dornes 2001, S. 64). Dem Kind wird ein Geschichtenanfang mit Hilfe eines Puppenspiels gezeigt. Es bekommt die Aufgabe, die Geschichte mit den Puppen zu Ende zu bringen. Bei den Geschichten handelt es sich um bindungsrelevante Szenen. Als Beispiel fügt Dornes folgendes an: Die Eltern eines Kindes verreisen in den Urlaub. Das Kind bleibt bei der Großmutter. Das Kind soll mit den Puppen spielen, was dann passiert. Anhand der Geschichte, die das Kind nun selbst darstellt, erkennt man, wie das Kind mit Trennung umgeht und welche Bewältigungsstrategien es hat. Ein weiteres Puppenspiel handelt von einem Kind, das auf einen Stein klettert und wieder herunter fällt. Das Kind, das diese Geschichte vollendet, zeigt, wie in seiner Familie mit körperlichem Schmerz, aber auch mit Trostsuchen umgegangen wird (vgl. Dornes 2001, S. 64).

Dieses Verfahren ermöglicht Einsicht in Vorgänge, die auf repräsentationaler Ebene beim Kind stattfinden. „Die Inszenierungen im Spiel stellen die kindlichen Repräsentationen von sich, von den Eltern und von der Beziehung dar" (Dornes 2001, S. 64). Bei der Analyse dieses Verfahrens wird das Verhalten des Kindes danach beurteilt, was das Kind gespielt hat und wie es das getan hat.

Eine Variation dieses, von Dornes beschriebenen, Verfahrens ist das ASCT (Attachment Story Completion Task) von Bretherton und Ridgeway. Es wurden fünf verschiedene Geschichtenanfänge zu bindungsrelevanten Themen entwickelt. Es gibt jeweils einen Geschichtenanfang zu einem Missgeschick, Schmerz, Furcht, Trennung und einer Wiedervereinigung. Dem Kind wird mit Hilfe von verschiedenen Figuren (Vater, Mutter, großes Kind, kleines Kind, Großmutter) und Requisiten die Situation vorgespielt. Es wird darum gebeten zu zeigen und zu erzählen, was danach passieren wird (vgl. Bretherton 2002, S. 22).

Die Ergebnisse werden mit Hilfe des SAT-Kodierungssystem von Kaplan (1987) bewertet. Beurteilt werden „sowohl die konstruktive Qualität der angebotenen Lösungen und die emotionale Offenheit/Kohärenz als auch die Tendenz, vermeidende oder bizarr/chaotische Antworten zu geben" (Bretherton 2002, S. 23). Desweiteren gibt es für jeden Geschichtenanfang ein eigenes Bewertungssystem mit unterschiedlichen Merkmalen.

Solomon, George und DeJong (1995) führten das ASCT mit sechsjährigen Kindern durch und veröffentlichten Ergebnisse zu den Wiedervereinigungs- und Trennungsgeschichtenanfängen. Sie stellten vier Reaktionsmuster der Kinder fest.

Kinder, die kohärente Geschichten erzählten, wurden **zuversichtlich** klassifiziert. Sie erzählten Geschichten, in denen auf eine Gefahr auch immer eine Rettung folgte. **Lässig** eingestufte Kinder minimierten die Besorgnis und die Verfügbarkeit der Bindungspersonen. Kinder, die Geschichten über viel Spaß bei Abwesenheit der Eltern erzählten, wurden als **geschäftig** beschrieben. Sie spielten Szenen, „in denen die Wiedervereinigung aber unterbrochen oder verzögert wurde." Bretherton beschreibt weiterhin, dass die Geschichten dieser Kinder „oft am Thema vorbei" gingen (2002, S. 25). **Verängstigte** Kinder spielten sehr destruktive Geschichten, waren oft chaotisch oder extrem gehemmt.

Die Kinder entwickeln die Geschichten unbewusst vor dem Hintergrund ihrer eigenen Erfahrungen im Umgang mit ihren Bindungspersonen. Es ist zwar möglich, dass die Kinder Geschehnisse spielen, die tatsächlich passiert sind, aber ebenso fließen wohl Wünsche, Phantasien und Befürchtungen in die Geschichtenergänzungen ein (vgl. Bretherton 2002, S. 38). Bindungsgeschichten könnten in regulativem Sinn als aktuell gültiges Abbild des internalen Arbeitsmodells des Selbst mit seinen Bindungspersonen verstanden werden.

Bretherton stellt fest, dass die Klassifikationen zuversichtlich, lässig, geschäftig und verängstigt mit den entsprechenden Klassifikationen der Kinder im Alter von sechs Jahren in Trennungs- und Wiedervereinigungsszenen mit der Mutter (sicher, vermeidend, ambivalent oder kontrollierend) zu 79 Prozent übereinstimmten. Sie weist darauf hin, dass die kontrollierende Kategorie der desorganisierten in der Fremden Situation entspricht (vgl. 2002, S. 25).

Weitere Geschichtenergänzungsverfahren, mit leichten Variationen sind beispielsweise bei Cassidy (1988) und Oppenheim (1997) zu finden.

Zusammenfassend lässt sich sagen, dass die Ergebnisse des Geschichtenergänzungsverfahrens mit der tatsächlichen Interaktionsgeschichte des Kindes und seiner Bindungspersonen korrelieren. Die Ergebnisse des Geschichtenergänzungsverfahren stehen in signifikantem Zusammenhang mit den Ergebnissen der Fremden Situation, Bindungs-Q-Sortierungsmethoden, dem Trennungs- und Wiedervereinigungsverfahren und auch dem Erwachsenenbindungsinterview (vgl. Bretherton 2002, S. 35).

Bretherton weist im Weiteren darauf hin, dass Ergebnisse, die zum Einen aus Beobachtungen, zum Anderen aus Repräsentationen gewonnen wurden, „nicht gleichgesetzt werden dürfen, selbst wenn sie eine signifikante Varianz miteinander teilen und mit zunehmendem Alter stabil bleiben" (2002, S. 36). Bislang wäre nicht sicher, ob sich die Ergebnisse womöglich verändern würden, „wenn die Altersvariable kontrolliert wird" (ebd., S. 36).

### 2.5.3 Erwachsenenbindungsinterview

Das Adult Attachment Interview (AAI) dient der Klassifizierung der Bindungsrepräsentationen von Erwachsenen. Es ist ein vorstrukturierter Interviewleitfaden, der aus 15 Fragen bzw. 18 Fragen für Eltern, besteht (ausführliche Darstellung der Fragen bei Main 2002, S. 192). Das Interview wird mit allen verbalen und nonverbalen Äußerungen und Pausen transkribiert. Letztendlich wird das Transkript nach bestimmten Kriterien bewertet (vgl. Grossmann, Grossmann 2004, S. 431). Durch die bindungsrelevanten Fragen des AAI wird das Bindungsverhaltenssystem des Erwachsenen aktiviert. Der Erwachsene muss sich an bindungsrelevante Situationen seiner Kindheit und Jugend erinnern.

Das AAI ist bekannt für seine hohe Validität und Zuverlässigkeit. Main merkt an, dass das AAI als Bewertungsverfahren (im Hinblick auf seine Messungseigenschaften) in mehreren Studien überprüft wurde. Außerdem zeigt es Zusammenhänge zwischen der elterlichen Feinfühligkeit, dem Verhalten des Kindes in der Fremden Situation und den Bindungsrepräsentationen der Eltern (vgl. Main 2002, S. 206).

Im Erwachsenenbindungsinterview geht es nicht (im Gegensatz zur Fremden Situation) um die Bindung zu einem bestimmten Menschen, sondern um mentale Zustände in Bezug auf Bindung. Dementsprechend werden die Kategorien begrifflich von denen der Fremden Situation unterschieden. Beurteilt werden „die individuellen Unterschiede im mentalen Zustand in Verbindung mit der gesamten Bindungsgeschichte, so wie dieser Zustand sich im Kontext des Interviews herausstellt oder manifestiert" (Main 2002, S. 193).

Bewertet werden die Aussagen der Probanden unter anderem anhand von verschiedenen Merkmalen, die beim Sprachphilosoph H. Paul Grice zu finden sind und von Main folgendermaßen beschrieben werden:

„1. *Qualität*: Sei aufrichtig und belege das, was du sagst;
2. *Quantität*: Fasse dich kurz, berichte aber vollständig;
3. *Relevanz*: Bleibe beim Thema und schweife nicht ab;
4. *Form*: Äußere dich klar und geordnet" (2002, S. 196).

Diese vier Maximen spiegelten sich in den Skalen und Anweisungen für das AAI, die Main und ihre Arbeitsgruppe bereits zuvor entwickelten, wieder, wurden aber in überarbeiteten Versionen miteinbezogen.

Reagiert der Proband auf die Fragen des Interviewers und erfüllt er gleichzeitig diese Maximen, kann man von einem „bindungsrelevant sicheren psychischen Zustand" des Probanden ausgehen (Main 2002, S. 197).

Grossmann und Grossmann verweisen auf eine persönliche Notiz von Mary Ainsworth, die das „Wandern der Gedanken" eines Erwachsenen mit dem Verhalten eines Kleinkindes in der Fremden Situation vergleicht:

„Während die bindungssicheren Kinder den ganzen Raum zum Explorieren oder Nähesuchen nutzen, halten sich die Kinder mit vermeidendem Bindungsmuster eher entfernt von der Bindungsperson auf, wenn sie Leid verspüren. Kinder mit einem ambivalenten Bindungsmuster können dagegen die Bindungsperson bei Leid gar nicht mehr verlassen. Ersetzt man nun 'Bindungsperson' durch 'das Thema Bindung', dann kann man die Gedanken*gänge* innerhalb der sicheren, abwertenden, verstrickten und sogar der desorganisierten Bindungsmodelle geistig entsprechend nachvollziehen" (2004, S. 436, kursiv wie im Original, Anm. M. K.).

**Die sicher-autonome Kategorie**
Ein sicher-autonom eingestufter Erwachsener zeichnet sich durch einen „kohärenten, kollaborativen Diskurs ... [aus], während ... [er] bindungsrelevante Erlebnisse und deren Auswirkungen beschreibt, ob mit günstigem oder ungünstigem Verlauf. Der Proband scheint Bindung wertzuschätzen, unter Beibehaltung der Objektivität über jegliche spezifische Erlebnisse oder Beziehung" (Main 2002, S. 208).

Erwachsene dieser Kategorie erzählen relativ freimütig und sind sehr objektiv. Sie bleiben den Maximen nach Grice treu.

**Die abwertende Kategorie**
Eltern, die als abwertend klassifiziert werden, beschreiben ihre bindungsrelevanten Erfahrungen abwertend oder sprechen gar nicht über sie. Aussagen über frühere Beziehungen können nicht mit Beispielen belegt werden oder die Aussagen widersprechen sich sogar. Nach Angabe der Probanden haben negative Erfahrungen keinen oder nur sehr geringen Einfluss auf sie. Abwertend eingestufte Personen zeigen Erinnerungslücken und die Interviews mit ihnen sind oft nur sehr kurz (vgl. Main 2002, S. 208).

Als auffällig beschreibt Main die Tatsache, dass diese Eltern genauso wie ihre unsichervermeidend gebundenen Kinder, die Äußerung von negativen Gefühlen vermeiden (vgl. 2002, S. 195) oder negative Erfahrungen bagatellisieren (Grossmann, Grossmann 2004, S. 434f).

**Die verstrickte Kategorie**
Verstrickt eingestufte Personen sind „scheinbar wütend, verwirrt und passiv oder furchtsam und überwältigt" (Main 2002, S. 208). Sie verwenden oft leere Phrasen und sprechen „grammatikalisch verworren" (Main 2002, S. 208). Die Transkripte von verstrickt klassifizierten Personen sind sehr lang und enthalten viele unwichtige Antworten.

Grossmann und Grossmann beschreiben 'verstrickte' Erwachsene als nicht objektiv, geistig befangen und konfus. Außerdem ist auffällig, dass sich die Erwachsenen nicht auf das Interview konzentrieren können und oft Antworten geben, die nicht frühere Bindungssituationen wiederspiegeln, sondern aktuelle Geschehnisse (vgl. 2004, S. 435).

**Die ungelöste/desorganisierte Kategorie**
Auch bei den Ergebnissen des AAI stellte man fest, dass es Erwachsene gab, die nicht klassifizierbar waren (vgl. Main 2002, S. 196).

Eltern, die dieser Kategorie entsprechen, weisen verschiedene Merkmale auf, die auf ein ungelöstes, nicht verarbeitetes Bindungstrauma hin deuteten. Bretherton spricht von „Entgleisungen in ihren Antworten ..., sobald der Tod eines Elternteiles oder andere traumatische Kindheitserinnerungen zur Sprache kamen" (2002, S. 20).

Ein wichtiges Merkmal für dieses Verhalten sind „Aussetzer bei der Gedankenführung" (Hesse, Main 2002, S. 236). Damit sind Aussagen gemeint, die sich gegenseitig ausschließen und inkompatibel miteinander sind, „oder nicht im Einklang mit unserem gängigen Verständnis von Raum-Zeit-Zusammenhängen und Kausalität sind" (Hesse, Main 2002, S. 236). Hesse und Main fügen als Beispiel die Aussage eines Elternteiles an, das über einen Verstorbenen sprach: „Auf eine Weise war es besser, als sie starb, weil sie seitdem damit beschäftigt war, tot zu sein und ich mich seitdem darauf konzentrieren konnte, mich um meine Familie zu kümmern" (2002, S. 237).

Diese Klassifikation wird zusätzlich zu den bereits genannten vergeben, ähnlich wie bei der Klassifikation des desorganisierten Bindungsstatus eines Kindes in der Fremden Situation (vgl. Grossmann, Grossmann 2004, S. 435).

**Vorhersagbarkeit des AAI**

In ihrer San-Francisco-Bay-Area-Studie haben Main und ihre Forschungsgruppe Zusammenhänge zwischen den Ergebnissen des AAI und dem Verhalten der Kinder der Sprecher in den Fremden Situation festgestellt (vgl. Main 2002, S. 207).

Mit Hilfe des Elternbindungsinterviews lassen sich die Bindungsqualitäten der Kinder der Probanden zu diesen vorhersagen. Main beschreibt, dass Elternteile, die kohärent bindungsrelevante Situationen beschreiben können und den Maximen von Grice dabei gerecht werden, „meist sicher gebundene Kinder" haben. Hingegen ist bei Verletzung der Maximen Quantität, Relevanz und Form davon auszugehen, dass Erwachsene „mit erhöhter Wahrscheinlichkeit unsicher-ambivalent ... gebundene Kinder, während andere, die den Kriterien Aufrichtigkeit und der Konsistenz (der Maxime der Qualität) nicht entsprechen, meist unsicher-vermeidend gebundene Kinder haben" (Main 2002, S. 197).

Studien über Zusammenhänge zwischen elterlicher Feinfühligkeit, Bindungsqualität des Kindes und Eltern-Status im AAI zeigen nur korrelative Zusammenhänge. Main fordert in der nächsten Phase der Entwicklung die „beobachteten Phänomene [zu] überprüfen, indem wir versuchen, sie zu kontrollieren und zu verändern" (2002, S. 212).

## 2.6 Determinanten von Bindungsqualität

„Die Fürsorge, die ein Kind in den ersten Lebensjahren von den Eltern erhält, [ist] für seine spätere seelische Gesundheit von lebenswichtiger Bedeutung."
(Bowlby 2005, S. 11)

Der Aufbau einer Bindung entsteht unter Berücksichtigung von vier Faktoren, „der Persönlichkeit der Mutter, der Eigenart ihres Neugeborenen, dem mehr oder weniger unterstützenden Umfeld der Mutter einschließlich kultureller Einflüsse und den Erwartungen, die die Mutter an dieses Kind hat" (Grossmann, Grossmann 2004, S. 161).

Die Qualität der Interaktion, die sich aus verschiedenen Faktoren zusammensetzt (mütterliche Feinfühligkeit, Erziehungsstil usw.), ist entscheidend für die Qualität der Bindung zwischen Kind und Mutter.

Genetische Dispositionen spielen bei der Ausprägung einer Bindungsqualität keine wesentliche Rolle. Eine Studie in israelischen Kibbuzim belegte diese Aussage. In einem Kibbuz werden Kinder unterschiedlicher Eltern von einer Kinderfrau betreut. Die Bindungsmuster dieser Kinder zu dieser einen Kinderfrau stimmten zu 68% überein. Dieser Wert ist signifikant hoch und schließt damit eine wesentliche Bedeutung genetischer Disposition aus. Eine wichtigere Rolle scheint die Feinfühligkeit der Kinderfrau im Umgang mit ihnen zu sein (vgl. Grossmann, Grossmann 2004, S. 170).

### 2.6.1 Feinfühligkeit

Mütterliche Feinfühligkeit ist eine der Hauptdeterminanten der Bindungsqualität. Grossmann et al. (2003) verweisen auf vier Merkmale, über die mütterliche Feinfühligkeit nach Ainsworth definiert wird:

> „1. die Wahrnehmung der Befindlichkeit des Säuglings, d.h., sie muss das Kind aufmerksam 'im Blick' haben und darf keine zu hohe Wahrnehmungsschwelle haben;
> 2. die richtige Interpretation der Äußerungen des Säuglings aus seiner Lage und nicht nach ihren Bedürfnissen;
> 3. die prompte Reaktion, damit der Säugling eine Verbindung zwischen seinem Verhalten und einem spannungsmildernden Effekt der mütterlichen Haltung knüpfen kann, die ein erstes Gefühl der eigenen Effektivität im Gegensatz zur Hilflosigkeit vermittelt; und
> 4. die Angemessenheit der Reaktion, die nicht mehr aber auch nicht weniger beinhaltet, als was vom Säugling verlangt wurde, und die im Einklang mit seinen Entwicklungsprozessen steht. Diese Forderung verlangt eine hohe Kompromissbereitschaft der Bindungsperson" (Grossmann et al. 2003, S. 236).

Außerdem beinhaltet mütterliche Feinfühligkeit die Wahrung der Autonomie des Säuglings, d.h. dass die Bindungsperson ihm nichts abnimmt, was es selbst tun könnte, die Förderung der Kommunikationsfähigkeit des Kindes und letztendlich, dass die Bindungsperson das Kind als eigenständige Persönlichkeit wahrnimmt und sich ihm gegenüber entsprechend respekt- und rücksichtsvoll verhält (vgl. Grossmann et al. 2003, S. 236f). Ausschlaggebend für die mütterliche Fürsorge ist nicht die Routinepflege des Kindes (die manchmal von anderen Personen vollzogen wird), sondern die soziale Interaktion zwischen der Mutter und dem Säugling (vgl. Bowlby 2006a, S. 305).

## 2.6 Determinanten von Bindungsqualität

Es wurden noch zwei weitere Konzepte von Ainsworth entworfen:

„(1) die Annahme des Kindes mit seiner individuellen Eigenart versus Ablehnung des Kindes und

(2) die mütterliche Fähigkeit, mit dem Baby zu kooperieren und ihre eigenen Pläne mit seinen Bedürfnissen in Einklang zu bringen, im Gegensatz zu einem einmischenden oder gar rücksichtslosem Durchsetzen eigener Pläne auf Kosten des Säuglings" (Grossmann 2004, S. 32).

Untersuchungen in Baltimore und Bielefeld stellten einen Zusammenhang zwischen mütterlicher Feinfühligkeit und verschiedenen positiven Verhaltensweisen her. Kinder von feinfühligen Müttern weinten weniger, zeigten Freude am Kontakt mit der Mutter und ebenso am selbstständigen Spiel. Bei Leid suchten die Kinder Trost bei ihrer Mutter. Waren sie getröstet, lösten sie sich wieder von ihr. Allgemein zeigten diese Kinder weniger Ärger, Ängstlichkeit oder Aggressionen im Umgang mit der Mutter. Es war deutlich, dass Kinder feinfühliger Mütter sie als sichere Basis nutzen konnten, bei ihr Schutz und Trost fanden und von ihr aus explorieren konnten. Die Kooperationsbereitschaft von Kind und Mutter war vergleichsweise hoch. Grossmann et al. sprechen von der „Kooperationsbereitschaft der Mutter, [die] .. schon zum Ende des ersten Lebensjahres eine positive Entsprechung in der Bereitschaft des Krabbelkindes, in mütterliche Ge- und Verbote einzuwilligen" fand (2003, S. 237).

Im Gegensatz dazu steht das Verhalten von Babys weniger feinfühliger Mütter. Sie zeigten entweder eine starke Abhängigkeit von der Mutter, vermischt mit Angst und Unzufriedenheit, sodass sie weder bei der Mutter Trost fanden, noch sich ausgiebig mit einem Spiel beschäftigen konnten oder sie zeigten eine große Unabhängigkeit vermischt mit plötzlichem Ärger. Die Kooperationsbereitschaft der Kinder war im Gegensatz zu Kindern feinfühliger Mütter eher gering.

Grossmann et al. weisen darauf hin, dass die Ergebnisse der Studien zu mütterlicher Feinfühligkeit variieren. Die Befunde hängen von verschiedenen Faktoren ab. Ausschlaggebend ist die Güte des Feinfühligkeitsmaßes in der Messung (vgl. 2003, S. 238). Außerdem ist die Feinfühligkeit der Mutter im Umgang mit den Bindungsbedürfnissen des Kindes maßgebend. Die Spielfeinfühligkeit der Mutter hingegen hat für die Bindungsqualität des Kindes keine entscheidende Bedeutung (vgl. Grossmann, Grossmann 2004, S. 208).

Ob Feinfühligkeit tatsächlich die Hauptdeterminante der Bindungsqualität ist, wurde kontrovers diskutiert. Studien in israelischen Kibbuzim belegten, dass Kinder, die nicht bei ihren Eltern schliefen, trotz Feinfühligkeit der Mutter keine sichere Bindung zu ihr aufwiesen (vgl. Studie von Sagi, van IJzendoorn, Scharf, Koren-Karie, Joels und Mayseless 1994). Die Bedingungen, unter denen eine Bindung entsteht, sind so vielfältig und bergen so viele Variablen in sich, dass davon auszugehen ist, dass die Qualität einer Bindung nicht nur von der Feinfühligkeit der Bindungsperson abhängig ist, sondern ebenso z.B.

von dem sozialen Kontext in dem die Familie steht, bestimmten Persönlichkeitsmerkmalen der Personen, bestehenden Konflikten zwischen der Bindungsperson und dem Kind oder anderen Personen etc.

### 2.6.2 Temperament

In der Vergangenheit ist viel über die Bedeutung des Temperaments für die Bindungsqualität diskutiert worden. Neuere Erkenntnisse von Main liefern Argumente gegen einen Einfluss des Temperaments.

Main (2002, S. 213f) führt vier Argumente dafür an, dass das Temperament einen äußerst geringen Einfluss auf die Bindungsqualität des Kindes zu seinen Elternteilen hat. Als erstes ist zu bedenken, dass das Kind zu der Mutter eine sichere Bindung haben kann, zum Vater hingegen eine unsicher-vermeidende. Wenn das Temperament des Kindes der ausschlaggebende Faktor wäre, dann müsste es an beide Eltern gleich gebunden sein.

Mains zweites Argument bezieht sich auf die Veränderlichkeit der Bindungsqualität, wenn sich die Lebensumstände der Mutter ändern. Das Verhalten des Kindes in der Fremden Situation verändert sich, wenn sich die Lebensumstände der Bindungsperson massiv ändern. Das könnte aber nicht der Fall sein, wenn die Bindungsqualität vom Temperament des Kindes abhinge. Main (2002) verweist auf eine Studie von L. Alan Sroufe (1985), die diese Zusammenhänge belegt.

Zum Dritten gibt sie zu bedenken, dass auf Kinder die 'schwierig' sind, die Eltern negativ reagieren würden und daraus müsste resultieren, dass mehr schwierige Kinder unsicher gebunden sind. Dies war aber nicht der Fall, denn sichere Bindung überwiegt bei Kindern, die z.B. verletzt, behindert oder krank waren.

Viertens ließe sich das Verhalten des Kindes in der Fremden Situation nicht anhand eines Elternbindungsinterviews vor der Geburt dieses Kindes vorhersagen. Vier voneinander unabhängige Studien belegten, „daß ein mit Müttern und Vätern vor der Geburt des Kindes durchgeführtes Interview die Fremde Situation genauso präzise voraussagen kann, wie ein postnatal durchgeführtes Interview" (Main 2002, S. 214). Main verweist auf einen Überblick bei Vaughn und Bost (1999).

### 2.6.3 Arbeitsmodelle der Eltern

Die Bindungsqualität des Kindes zu seiner Bindungsperson wird maßgeblich davon beeinflusst, welche Modellvorstellung die Bindungsperson von Bindung hat.

Main et al. haben in ihrer Studie (1985) festgestellt, dass die Bindungsqualität eines Kindes in der Fremden Situation mit der Klassifikation der Bindungsperson im AAI korreliert. Kinder, die in der Fremden Situation als sicher eingestuft wurden, hatten signifikant häufiger Eltern, die im AAI als sicher-autonom galten. Eltern, deren Kinder in der Fremden Situation unsicher-vermeidendes Bindungsverhalten gezeigt hatten, waren

## 2.6 Determinanten von Bindungsqualität

im AAI eher abwertend. Ambivalent oder verstrickt eingestufte Eltern hatten Kinder, die als unsicher-ambivalent eingestuft waren. Die desorganisiert/desorientierte Kategorie der Fremden Situation entspricht der ungelösten Kategorie des Elternbindungsinterviews (vgl. Bretherton 2002, S. 20).

Hesse und Main (2002, S. 237) verweisen auf eine Untersuchung von Ainsworth und Eichenberg (1991), die zeigte, dass alle acht Mütter, die Aussetzer in der Gedankenführung im Zusammenhang mit Verlust hatten und als U/d klassifiziert waren, desorganisiert gebundene Kinder hatten.

Eine Studie von Steele, Steele und Fonagy (1996) ermöglichte eine Vorhersage des Bindungsstils des Kindes auf Grundlage der Bindungsrepräsentationen der Eltern vor der Geburt des Kindes. Die Bindungssicherheit des Kindes wurde im ersten Lebensjahr erhoben und korrelierte mit den Bindungsrepräsentationen von Mutter bzw. Vater (vgl. Grossmann, Grossmann 2004, S. 446).

Untersuchungen von Grossmann und Grossmann ergaben Übereinstimmungen, die in den folgenden Abbildungen (Abb. 2.3 und Abb. 2.4) zu sehen sind.

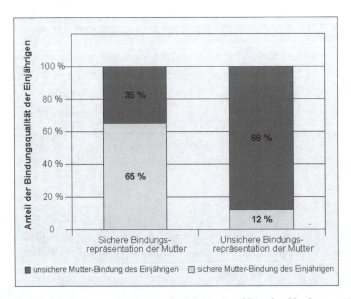

**Abbildung 2.3:** Bindungsrepräsentation der Mutter im Alter des Kindes von 6 Jahren und die Mutter-Kind-Bindungsqualität ihres Einjährigen; vgl. Quelle: Grossmann, Grossmann 2004, S. 446

Die Übereinstimmung zwischen Mutter und Kind betrug bei insgesamt 88 Dyaden 77%, bei Vater-Kind-Dyaden nur 65%, aber immer noch statistisch bedeutsam. Die mentalen Arbeitsmodelle von Vater und Mutter sind unabhängig voneinander und können unterschiedlich sein (vgl. Grossmann, Grossmann 2004, S. 242).

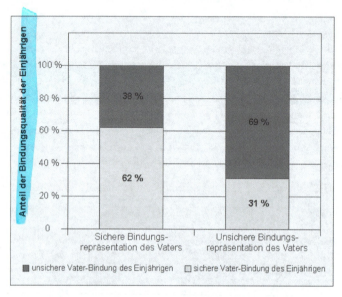

**Abbildung 2.4:** Bindungsrepräsentation des Vaters im Alter des Kindes von 6 Jahren und die Vater-Kind-Bindungsqualität seines Einjährigen; vgl. Quelle: Grossmann, Grossmann 2004, S. 447

Bowlby beschreibt, dass Kinder dazu neigen sich mit ihren Eltern zu identifizieren. Er nimmt an, dass sie, „wenn sie selbst Eltern sind, die gleichen Verhaltensmuster die sie in ihrer Kindheit erfahren haben, ihren eigenen Kindern gegenüber" annehmen (2006b, S. 297). Interaktionsmuster würden demnach meist von Generation zu Generation weitergegeben. Die oben beschriebenen Studien belegen diese Aussage. Bowlby schließt: „Daher ist die Vererbung geistiger Gesundheit oder Ungesundheit über das Medium der familiären Mikrokultur sicherlich nicht weniger wichtig und vielleicht sogar viel wichtiger als die Vererbung durch das Medium der Gene" (2006b, S. 297). Bowlby hatte damals nur unzulängliches Material und konnte daher seine Thesen nicht belegen. Die oben genannten Studien belegen seine These auch nicht, aber sie zeigen, dass die Bindungsrepräsentationen der Eltern eine entscheidende Determinante für die Bindung des Kindes sind. Bowlby

## 2.6 Determinanten von Bindungsqualität

hatte erkannt, dass die familiäre Mikrokultur eine elementare Rolle in innerfamiliären Beziehungen und Bindungen spielt.

### 2.6.4 Erziehungsstil der Eltern

Die Bielefelder Untersuchung vom Ehepaar Grossmann belegte einen Zusammenhang zwischen dem Erziehungsstil der Eltern und der Bindungsqualität des Kindes (2004, S. 204).

Ein autoritativer Erziehungsstil, der von der Mutter als partnerschaftlich, aber konsequent in der Einhaltung der Grenzen, beschrieben wurde, korrelierte mit sicherer Bindung beim Kind. Kind und Mutter hatten Rechte und Pflichten, deren Einhaltung konsequent durchgesetzt wurde. Der Umgang miteinander war warmherzig, verständnisvoll und orientierte sich an den Bedürfnissen der Beteiligten.

Unsicher gebundene Kinder erfuhren zu Hause oft einen autoritären oder sehr nachgiebigen Erziehungsstil.

## 2.7 Bindung im Lebenslauf

„Keine Variable, so behaupten wir, hat weiterreichende Auswirkungen auf die Persönlichkeitsentwicklung, als die Erfahrungen eines Kindes in seiner Familie."
(Bowlby 2006b, S. 328)

Ein junger Mensch entwickelt aufgrund seiner Erfahrungen in den Beziehungen mit seinen Bindungspersonen Versuchsmodelle von deren Verhalten (vgl. Kap. 2.4 in dieser Arbeit). Auf dieser Basis liegen seine Erwartungen und „all seine Verhaltenspläne für den Rest des Lebens" (Bowlby 2006b, S. 328).

Verschiedene Faktoren können dazu führen, dass die Entwicklung nicht optimal verläuft. Bowlby nennt beispielsweise Erfahrungen von Trennungen oder Verlust von Bindungspersonen, aber ebenso können „zahlreiche andere Unzulänglichkeiten und Fehler der Eltern zum gleichen Resultat führen" (Bowlby 2006b, S. 329). Den gleichen Effekt könnten auch Ereignisse haben, die als Krise erlebt werden.

König (2002, S. 18) fasst verschiedene Studien (genannt ist jeweils eine Veröffentlichung), die die Stabilität des Bindungsverhaltens untersucht haben, folgendermaßen zusammen: „Die Kontinuität der Bindungsorganisation zwischen unterschiedlichen Altersabschnitten differiert." So zeigten Studien über die Altersspanne von 12 bis 18 Monaten (Main und Weston 1981), von einem bis sechs Jahren (Gloger-Tippelt, Gomille, König und Vetter 2002) und zwischen einem und zehn Jahren (Main 1991) eine Stabilität des Bindungsverhaltens, die über 80% betrug. Längsschnittstudien, die hingegen die Bindung im Verlauf zwischen 12 Monaten und 16 - 21 Jahren untersuchten, erbrachten widersprüchliche Resultate. Waters, Merrick, Alberstein und Treboux (2002) stellten eine Stabilität vor allem dann fest, wenn die Kinder in stabilen Familienverhältnissen aufwuchsen. Lewis, Freiring und Rosenthal (2000) konnten keine Kontinuität beobachten. Sie beobachteten, dass unsichere Bindungsrepräsentationen bei Scheidungskindern und bei Familien, die Todesfälle erleben und die mit schweren psychischen und körperlichen Krankheiten belastet sind, häufig vorkommen.

Diese verschiedenen Studien belegen Bowlbys These, dass die Entwicklung des Bindungsverhaltens und des Arbeitsmodells entsprechend zu den Interaktionserfahrungen mit Bindungspersonen verläuft. Ob der Verlauf kontinuierlich oder diskontinuierlich ist, hängt also wesentlich von der Stabilität der familiären Verhältnisse ab (vgl. König 2002, S. 19).

## 2.8 Bedeutung des Vaters für das Bindungsverhalten

„Die Interaktionen eines Vaters mit seinem Baby haben eine ganz besondere Qualität, welche eine Intensität der Bindung entstehen läßt, die in keinem Verhältnis zu der Häufigkeit der Interaktionen steht."
(Ainsworth 1967, S. 352, zit. nach Grossmann, Grossmann 2004, S. 219)

Der Vater nimmt bei der Bindungsentwicklung seines Kindes eine besondere Rolle ein. Es wurde belegt, dass nicht die Interaktion in bindungsrelevanten Situationen ausschlaggebend für die Qualität der Bindung zwischen Vater und Kind ist, sondern die Interaktion in explorativen Zusammenhängen (vgl. hierzu Grossmann, Grossmann 2004, S. 221f).

Das Explorationsverhalten des Kindes ist ein wesentlicher Bestandteil seiner Bindungsentwicklung. Grossmann (2004) beschreibt, dass der Vater, zumindest in unserem Kulturkreis, einen wichtigen Anteil am Explorationsverhalten und Spielverhalten des Kindes hat. Es ist erwiesen, dass die „Güte der Interaktion in einem videografierten Vater-Kind-Spiel mit einem neuen Spielmaterial in der frühen Kindheit (mit zwei Jahren) und in einer Aufgabensituation zu Beginn der mittleren Kindheit (mit sechs Jahren) als außerordentlich vorhersagekräftig für eine Reihe sozial-emotionaler Kompetenzen des Kindes bis ins junge Erwachsenenalter" ist (2004, S. 38). Ausschlaggebend waren in diesem Fall der Zusammenhang zwischen väterlicher Feinfühligkeit und den Anforderungen, die der Vater im Spiel an das Kind stellte, sowie die Fähigkeit des Vaters, sich auf die Fähigkeiten des Kindes einzustellen.

Grossmann und Grossmann postulieren aus diesem Grund die „Sicherheit der Exploration" als weitere Hauptdeterminante (neben der „Sicherheit der Bindung") für die Entwicklung psychischer Sicherheit (2004, S. 251).

Die entscheidende Determinante für die Bindungsqualität des Kindes zum Vater ist die Spielfeinfühligkeit des Vaters. Grossmann und Grossmann weisen darauf hin, dass daher die Fremde Situation als Messinstrument für die Bindungsqualität des Kindes zum Vater nicht die geeignete Methode ist, da dieses Verfahren eher untypische Situationen für die Interaktion zwischen Kind und Vater darstellt. Die Rolle des Vaters bezieht sich meist auf die Unterstützung bei der Exploration und nicht in bindungsrelevanten Situationen. Die Autoren vermuten daher, dass die Bindung zum Vater sich „aus der Qualität seiner Unterstützung der kindlichen Exploration parallel zur Mutter-Kind-Bindung" entwickelt (2004, S. 222).

Grossmann und Grossmann fassen ihre Ergebnisse zur Vater-Kind-Beziehung folgendermaßen zusammen:

> „1. Väter, die ein positives Bild von einer Familie haben, auch gespeist aus ihrer Erinnerung, sind engagierte, vertraute, partnerschaftliche und feinfühlig herausfordernde, weisere Gefährten ihrer Kinder.
>
> 2. Für die Erfassung der Vater-Kind-Beziehung ist die Güte ihres gemeinsamen Spiels mit herausfordernden Absichten eher geeignet als eine Klassifizie-

rung der Kind-Vater-Bindung in der Fremden Situation, in der es vorrangig um Bewältigung von Trennungsleid geht" (2004, S. 231).

# 3 Familie

„Ehe und Familie stehen unter dem besonderen Schutz der staatlichen Ordnung."
(Grundgesetz für die Bundesrepublik Deutschland, Artikel 6, § 1)

Die meisten Ehen werden heutzutage aus Liebe und Zuneigung eingegangen. Das war nicht immer so, denn bis ins 19. Jahrhundert war die Familie eher eine Zweck- oder Produktionsgemeinschaft, die aus rationalen Gründen eingegangen wurde. Das heutige Verständnis von Ehe und Familie bezieht sich mehr auf immaterielle Werte wie Liebe, Zuneigung, Geborgenheit. Es ist nicht verwunderlich, dass die Familie für Kinder und Jugendliche ein Schutzraum ist, in den sie sich zurückziehen können. Psychologisch betrachtet ist die Familie ein Ort der Persönlichkeitsentwicklung, Identitätsbildung und stellt gleichzeitig den wichtigsten Sozialisationskontext dar (vgl. Petzold 1999, S. 7f und Zach 2003, S. 321).

Der Begriff Familie ist nur schwer zu definieren, weil er so facettenreich ist. Einerseits gibt es allgemeine Definitionen von Familie, juristische und verschiedene aus den Sozialwissenschaften. Will man den Begriff Familie in seiner Ganzheit fassen, muss man Definitionen aus verschiedenen Fachbereichen heranziehen. Rollet und Werneck verweisen auf Definitions- und Abgrenzungsprobleme, die der Begriff „Familie" in unserer sehr pluralistischen Gesellschaft mit sich bringt (vgl. 2002b, S. 2).

Hofer bezeichnet die Familie als ein „sich über die gesamte Lebensspanne wandelndes soziales System," das in Wechselwirkung zu seiner sozialen Umwelt steht (Hofer 2002, S. 4).

Hofer versucht den Begriff Familie aus verschiedenen Sichtweisen zu definieren. Biologisch gesehen besteht zwischen allen Familienmitgliedern eine Blutsverwandtschaft. Rechtlich sind zwei Generationen eine Familie, wenn sie durch Blutsverwandtschaft oder durch Adoption miteinander verbunden sind. Das Sorgerecht der Eltern für die Kinder spielt eine gesonderte Rolle. Eine soziologische Definition beschreibt ebenfalls eine Verbindung zwischen mindestens zwei Generationen, allerdings von einem Standpunkt aus, der stärker „die Rolle der Eltern als intergenerative Vermittler von Wertvorstellungen und sozialen Orientierungen" im Blickfeld hat (Hofer 2002, S. 5).

Hofer schlägt folgende Definition vor: „Familie ist eine Gruppe von Menschen, die durch nahe und dauerhafte Beziehungen miteinander verbunden sind, die sich auf eine nachfolgende Generation hin orientiert und die einen erzieherischen und sozialisatorischen Kontext für die Entwicklung der Mitglieder bereitstellt" (2002, S. 6). Er beschreibt selbst, dass diese Definition von Familie nicht unproblematisch ist, da einerseits kinderlose Ehepaare per Definition keine Familie wären. Ebenso könnte man entferntere Verwandte (z.B. die Großeltern) nicht zur Familie zählen, wenn sie keinen erzieherischen und sozialisatorischen Einfluss auf die nachfolgenden Generationen nehmen. Hofer nennt noch weitere Kritikpunkte, meint aber diese Definition sei eine „tragfähigere Arbeitsgrundlage .. als andere Definitionen" (2002, S. 6).

„Familie definiert sich .. durch die Kindzentriertheit dieser sozialen Einheit und beruht auf Verwandtschaft," ist die Definition von Familie nach Zach (2003, S. 325). Als Merkmale einer Familie gibt sie Privatheit, Intimität und Abgrenzung nach außen an. Zach gibt zu bedenken, dass der Kreis der Familie und die Merkmale, die diese ausmachen, je nach Kulturkreis verschieden sein können und sogar innerhalb und zwischen den Industrienationen variieren. Daher ist es notwendig vorher festzuhalten, dass sich das Folgende weitgehend auf Deutschland bzw. auf den westlichen Kulturkreis bezieht.

Schneewind beschreibt Familie als ein intimes Beziehungssystem, denn „unabhängig davon, nach welchen strukturellen Gesichtspunkten sich Familien oder familienähnliche Lebensgemeinschaften unterscheiden lassen, besteht ein all diese Lebensformen fundierendes Merkmal darin, daß ihre Mitglieder einen mehr oder minder großen Teil ihres Lebens gemeinschaftlich vollziehen" (1999, S. 19).

Grossmann und Grossmann betrachten Familie unter zwei Gesichtspunkten. Sie ist eine „Gemeinschaft von Zweierbindungs-Beziehungen und eine größere Gemeinschaft von Personen, die ähnliche geistige Potenziale haben" (2004, S. 244).

Die Familienpsychologie diskutiert verschiedenste Ansätze über den Begriff Familie, ihre Struktur, Entwicklungsaufgaben, Stressbewältigung, verschiedene Familientypen, Familienklima, Sozialisation, verschiedene Modelle usw. Ein Überblick ist bei Schneewind (1999): *Familienpsychologie* und bei Walper und Pekrun (Hrsg.) (2001): *Familie und Entwicklung* zu finden.

## 3.1 Familie in Zahlen, Daten, Fakten

Es leben durchschnittlich 2,11 Personen in einem deutschen Haushalt (insgesamt lebten in 2005 82,7 Mio. Menschen in deutschen Haushalten). In 23% der Haushalte leben minderjährige Kinder. Das Statistische Bundesamt verweist darauf, dass die Zahl alternativer Familienformen zugenommen hat. Im Jahr 2005 lebten insgesamt 53% der Bevölkerung in einer Familie (vgl. Statistisches Bundesamt 2006b, S. 7f).

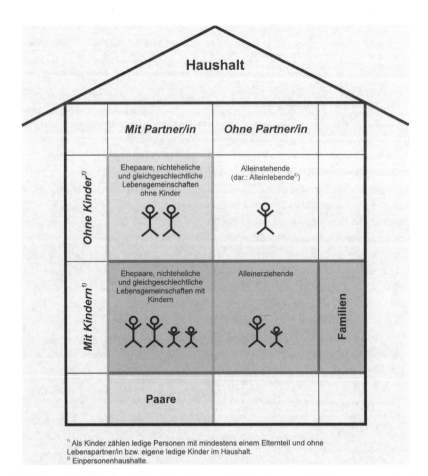

**Abbildung 3.1:** Systematik der Familien- und Lebensformen im Mikrozensus nach dem Lebensformenkonzept; vgl. Quelle: Statistisches Bundesamt 2006a, S. 5

Das Statistische Bundesamt definiert Familie als Eltern-Kind-Gemeinschaften. Als Familie gelten also Konstellationen, in denen mindestens ein Elternteil mit einem Kind zusammenlebt. Dabei werden auch Stief-, Pflege- und Adoptivkinder miteinbezogen, sowie nichteheliche und gleichgeschlechtliche Lebensgemeinschaften. Die Familie besteht über zwei Generationen. Voraussetzung für die Bezeichnung Familie ist im Sinn des Lebensformenkonzepts das Zusammenleben von Elternteil und Kind (vgl. Abb. 3.1).

Das Statistische Bundesamt veröffentlichte 2005 erstmals den Mikrozensus (Erhebung von März 2004) mit Daten nach dem sogenannten Lebensformenkonzept.

Die folgenden Daten wurden im März 2004 erhoben und sollen die Situation von Familien in Deutschland kurz beschreiben. 2004 gab es rund 12,5 Mio. Familien und 11,5 Mio. Paare ohne Kinder. Es war ein Rückgang der Anzahl von Familien von 1996 bis 2004 um insgesamt 5% zu verzeichnen. Die Zahl der Paare ohne Kinder nahm in diesem Zeitraum um 10% zu. Die statistische Definition von Familie stützt sich darauf, dass mindestens ein lediges Kind im Haushalt lebt, damit dieser Haushalt zu den Familien gezählt wird. Berücksichtigt man dies, können sich auch demografische Veränderungen („Alterung der Gesellschaft") auf diese Daten auswirken, z.B. durch die erhöhte Zahl von Paaren, die sich in der nachelterlichen Phase befinden, d.h. deren Kinder bereits einen eigenen Haushalt führen (Statistisches Bundesamt 2006a, S. 7).

Alternative Familienformen (Alleinerziehende und nichteheliche oder gleichgeschlechtliche Lebensgemeinschaften mit Kindern) sind immer zahlreicher geworden seit 1996, vor allem in den neuen Bundesländern. Die Zahl traditioneller Familien hat etwas abgenommen, insgesamt waren 2004 nur noch 74% aller Familien Ehepaare mit Kindern. 20% der Familien bestehen aus einem alleinerziehenden Elternteil und einem Kind bzw. Kindern (vgl. Statistisches Bundesamt 2006a, S. 9).

Laut Mikrozensus lebten im März 2004 durchschnittlich 1,66 Kinder in einer Familie. In diese Daten gehen Kinder nicht ein, die noch nicht geboren wurden, bereits verstorben sind, eine eigene Familie gegründet haben oder einen eigenen Haushalt haben. In 51% der 12,5 Mio. Familien lebte ein lediges Kind, in 37% der Familien zwei Kinder und in 12% der Familien drei oder mehr Kinder. Die Zahl der Kinder pro Familie hat sich von 1996 bis 2004 nicht verändert (vgl. Statistisches Bundesamt 2006a, S. 11).

Im März 2004 lebten 19,1 Mio. Ehepaare in Deutschland, davon hatten 48% ledige Kinder, die auch bei ihnen lebten. Im Jahr 1996 lebten noch 53% der Ehepaare mit ihren Kindern zusammen (vgl. ebd., S. 13). Die Zahl der nichtehelichen und gleichgeschlechtlichen Lebensgemeinschaften, mit und auch ohne Kind, ist angestiegen. So wurde im März 2004 im Vergleich zum Jahr 1996 eine Steigerung um 34% festgestellt. Als Lebensgemeinschaften gelten Personen, die einen gemeinsamen Haushalt führen. Etwa ein Drittel (31%) aller Lebensgemeinschaften betreute Kinder. 66% der Kinder in nichtehelichen Lebensgemeinschaften, sind die Kinder der Mutter, mit der sie zusammenleben. 29% leben bei ihrem Vater und nur 5% dieser Lebensgemeinschaften sind Familien, in denen Mutter und Vater mit ihren leiblichen Kindern zusammenleben (vgl. ebd., S. 23).

Die Situation von Alleinerziehenden ist folgendermaßen: insgesamt lebten 2,5 Mio. allein erziehende Elternteile mit ihren Kindern in 2004 in einem Haushalt, damit ist jede fünfte Familie alleinerziehend. Seit April 1996 stieg die Zahl der Alleinerziehenden um 12% an. Das Statistische Bundesamt stellte fest, dass Kinder unter 15 Jahren vorwiegend bei der Mutter lebten, aber Kinder ab 15 Jahren meistens beim Vater. 40% der Alleinerziehenden Eltern sind geschieden, 23% verwitwet, 22% sind ledig und 15% lebten in Trennung vom Ehepartner (vgl. ebd., S. 26).

## 3.2 Funktion von Familie

„Pflege und Erziehung der Kinder sind das natürliche Recht der Eltern und die zuvörderst ihnen obliegende Pflicht. Über ihre Betätigung wacht die staatliche Gemeinschaft."
(Grundgesetz für die Bundesrepublik Deutschland, Artikel 6, § 2)

Siegler et al. benennen drei Funktionen von Familie. Zum Einen sichert die Familie das „Überleben des Nachwuchses." Außerdem hat Familie eine „ökonomische Funktion" und dient dem „kulturellen Training" (2005, S. 644f). Die wichtigste Funktion ist die erste. Ohne die erste Funktion können die beiden nächsten nicht eintreten. Ist gesichert, dass der Nachwuchs mit allem, was er braucht, versorgt ist, gesund ist, wächst und ohne schwerwiegenden Schaden das Erwachsenenalter erreicht, hat die Familie das grundlegendste Ziel erreicht. Die „ökonomische Funktion" dient der Schaffung von Ressourcen, die den Kindern nützen, ihre Fähigkeiten und Fertigkeiten auszubauen, sodass sie als Erwachsene selbst in der Lage sind „ökonomische Erträge erwirtschaften zu können" (ebd., S. 644). Die letzte Funktion beschreibt die Vermittlung von kulturellen Werten von einer Generation an die nächste (vgl. Siegler et al., S. 645). Zach führt als weitere Funktion „die gemeinsame Lebensführung" an (2003, S. 325).

Schneewind formuliert in Anlehnung an Goode (1967) und Neidhardt (1970) fünf Hauptfunktionen einer (Kern-) Familie: die Reproduktionsfunktion, die Funktionen zur Existenzsicherung und Produktion, Regeneration, Sozialisation und Erziehung und die Platzierungsfunktion (vgl. 1999, S. 23). In Anbetracht der Situation vieler, vor allem moderner Familienformen ist von einer Verlagerung oder gar einem Verlust von oben genannten Familienfunktionen die Rede. Dennoch hätten alle Familienformen die emotionale Nähe und das enge Zusammenleben gemein. Schneewind bezeichnet sie daher auch als „intime Beziehungssysteme" (1999, S. 24).

## 3.3 Familienformen

Schneewind beschreibt einen Familienbegriff, der sich an Petzolds (1996) ökopsychologischen Merkmalen orientiert und in Anlehnung an Bronfenbrenners (1981) Systemebenen kategorisiert wird.

| | |
|---|---|
| **Makrosystem** gesellschaftliche Vorgabe | (1) legal-verheiratete vs. unverheiratete Paare (2) lebenslanges vs. zeitlich begrenztes Arrangement (3) gemeinsames vs. getrenntes Einkommen bzw. Vermögen (4) Zusammenleben vs. Getrenntleben |
| **Exosystem** soziales Netzwerk | (5) Blutsverwandtschaft vs. durch Heirat erfolgte Verwandtschaft (6) eigenständige vs. pflegebedürftige Personen (7) ökonomisch unabhängige vs. abhängige Partner (8) Personen aus der gleichen Kultur vs. aus unterschiedlichen Kulturen |
| **Mesosystem** Kindsperspektive | (9) kinderlos vs. mit Kind bzw. Kindern (10) mit leiblichen vs. adoptierten Kindern (11) mit eigener vs. Stiefelternschaft |
| **Mikrosystem** Elterngruppe | (12) Lebensstil als Zweiergemeinschaft vs. als Einzelperson (13) hetero- vs. homosexuelle Beziehungen (14) egalitäre vs. dominante/sich unterordnende Rollenaufteilung |

**Tabelle 3.1:** Ökopsychologische Merkmale von Familie; Tab. nach: Schneewind 1999, S. 19

Werden die verschiedenen ökopsychologischen Merkmale verknüpft, ergeben sich daraus „nach Petzold 196 verschiedene Familienformen" (Schneewind 1999, S. 19). Der Autor gibt aber zu bedenken, dass diese Klassifikation Bindungsqualitäten und die Beziehungsdynamik innerhalb der Familie nicht berücksichtigt. Daher ist diese Klassifikation nur für die Zusammensetzung verschiedener Familienformen interessant.

Petzold formuliert drei systemische Dimensionen, nach denen man Lebensentwürfe unterscheiden kann:

„1) Normorientierung an einer idealen Vater-Mutter-Kind-Familie,
2) Familienleben mit Ehe und Partnerschaft als Basis,
3) Familienleben als Realisierung von Elternschaft" (2002, S. 29, vgl. auch Petzold 1999, S. 36f).

Anhand dieser Dimensionen, in Verbindung mit den ökopsychologischen Merkmalen von Familie, lassen sich sieben primäre Lebensformen beschreiben:

|   | Familienform | Beispiel |
|---|---|---|
| A | normale Kernfamilie | traditionelle Vater-Mutter-Kind-Beziehung |
| B | Familie als normatives Ideal | Alleinstehende mit Orientierung an einem normativen Familienideal |
| C | kinderlose Paarbeziehung | unfreiwillig oder auf Grund eigener Entscheidung kinderlose Paare |
| D | nichteheliche Beziehung mit Kindern aber mit normativem Familienideal | moderne Doppelverdiener-Familie mit Kind(ern) |
| E | postmoderne Ehebeziehung ohne Kinder (aber mit Normorientierung) | auf Berufskarriere und intime Partnerschaft bezogene Ehe ohne Kinder |
| F | nichteheliche Elternschaft ohne Orientierung an einer Idealnorm | Wohngemeinschaften mit Kindern, Ein-Eltern-Familien |
| G | verheiratete Paare mit Kindern aber ohne normatives Ideal | alternativ orientierte Eltern, die dennoch verheiratet sind |

**Tabelle 3.2:** Sieben primäre Lebensformen; Tab. nach: Petzold 2002, S. 30

## 3.4 Familiendynamik

Einer der wichtigsten Faktoren bei der Erziehung der Kinder ist die Familiendynamik. Sie beeinflusst alle Bereiche des Zusammenlebens. Es ist die „Art und Weise, in der die Familie als Ganzes funktioniert" (Siegler et al. 2005, S. 645). Die Familie ist ein komplexes Gebilde, das aus unterschiedlichen Persönlichkeiten besteht. Alle in der Familie stehen in Interdependenz und in Interaktion zueinander. Die Mitglieder einer Familie beeinflussen sich indirekt und direkt.

Siegler et al. benennen zwei Einflussfaktoren auf die Familiendynamik. Der sozio-kulturelle Kontext in dem die Familie steht, beeinflusst die Familiendynamik in der Hinsicht, dass z.B. Großeltern oder Nachbarn zur Unterstützung herangezogen werden, die dann die Mutter in ihrer Funktion entlasten könnten (vgl. Siegler et al. 2005, S. 645f). Der andere Einflussfaktor ist die Entwicklung, die eine Familie durchlebt. Die Pubertät eines Kindes bspw. kann die Familie beeinträchtigen, es entstehen vielleicht häufiger Konflikte wenn sich das Kind von den Eltern abnabeln will und mehr Freiheiten wünscht. Es ist aber auch möglich, dass sich die Eltern trennen und scheiden lassen, was wiederum nicht nur großen Einfluss auf die Familiendynamik, sondern auch auf die Struktur der Familie hat. Solche Entwicklungen bedeuten für das Kind eine Umstellung, die mit Veränderungen des Verhaltens und der emotionalen Ausgeglichenheit einhergehen können (vgl. Siegler et al. 2005, S. 647).

Rollett und Werneck weisen auf die Bedeutung von Ereignissen hin, die von außen auf das Familiensystem treffen, eine gewisse Eigendynamik besitzen und aufgrund ihrer spezifischen Eigenschaften „unempfindlich gegenüber korrigierenden Eingriffen" sind (2002b, S. 10). Als Beispiel führen sie die langfristige Arbeitslosigkeit des Hauptverdieners oder eines Wohnortwechsels an. Solche Ereignisse beschreiben sie „systemtheoretisch gesehen .. [als] 'Versklavungen' des Familiensystems durch übergreifende Rahmenbedingungen" (2002b, S. 10).

Die Familie stellt ein äußerst komplexes System dar, das in seiner Ganzheit schwer zu fassen ist. Prozesse innerhalb einer Familie finden, aufgrund der Komplexität, selten linear statt. Rollett und Wernecke verweisen auf den, vom Meteorologen Edward Lorenz geprägten Begriff des „Schmetterlingseffekts." Von diesem Effekt ist dann die Rede, wenn ein kleines, scheinbar unwichtiges Ereignis massive Auswirkungen auf das „komplexe System mit niedriger Stabilität" hat (Rollett, Werneck 2002b, S. 9). Die Autoren merken die Bedeutung dieses Prinzips für die familientherapeutische Praxis an. Familien dürfen deshalb nicht als separate, von der Umwelt abgeschirmte Systeme betrachtet werden, sondern stehen auch immer in Interdependenz mit der Außenwelt.

## 3.5 Entwicklungsaufgaben

Die Familienentwicklungstheorie befasst sich mit der Analyse von Familienverlaufsprozessen. Als Hauptvertreter nennt Schneewind vor allem die Familiensoziologin Aldous. Dem familienentwicklungstheoretischen Ansatz liegen drei Annahmen zu Grunde:

1. Das familiäre Verhalten hängt immer von den Erfahrungen der Familienmitglieder ab und auch deren Zukunftserwartungen werden von diesen Erfahrungen mitbestimmt.

2. Familien, die sich in der gleichen Lebensphase befinden, zeigen tendenziell vergleichbare Verhaltensmuster.

3. Eine Familie wird mit bestimmten Aufgaben konfrontiert, „die sich auf dem Hintergrund ihres bisher erreichten Entwicklungsstands entweder selbst stellen oder von außen in Form gesellschaftlicher Erwartungen an sie herangetragen werden" (Schneewind 1999, S. 96).

Die Familienentwicklungspsychologie setzt voraus, dass die einzelnen Mitglieder der Familie bestimmte Rollen in der Familie einnehmen und sich ihnen einzeln und gemeinsam verschiedene Aufgaben stellen, die sie bewältigen müssen. Betrachtet man den gesamten

## 3.5 Entwicklungsaufgaben

Komplex aus verschiedenen Personen, die mehrere Rollen innerhalb des Familiensystems haben, lässt sich erahnen, wie vielschichtig die Familienkarriere, d.h. die Entwicklung der Familie über verschiedene Phasen hinweg, verläuft. Mit jeder neuen Phase können sich die Rollen der Familienmitglieder ändern. Schneewind gibt als Beispiel die Rolle des Ehemannes an, zu der, bei der Geburt eines Kindes, die Rolle des Vaters tritt (vgl. 1999, S. 96).

Schneewind schlägt eine Formulierung von Familienentwicklungsaufgaben nach Carter und McGoldrick (1988, S. 15) vor. Er beschreibt „normative Übergänge und Phasen im Familienlebenszyklus" und je nach Phase verschiedene „erforderliche Veränderungen im Familienstatus" (Schneewind 1999, S. 97).

„**1. Verlassen des Elternhauses: alleinstehende junge Erwachsene**
   a. Selbstdifferenzierung in Beziehungen zur Herkunftsfamilie
   b. Entwicklung intimer Beziehungen zu Gleichaltrigen
   c. Eingehen eines Arbeitsverhältnisses und finanzielle Unabhängigkeit

**2. Die Verbindung von Familien durch Heirat**
   a. Bildung eines Ehesystems
   b. Neuorientierung der Beziehungen mit den erweiterten Familien und Freunden, um den Partner einzubeziehen

**3. Familien mit jungen Kindern**
   a. Anpassung des Ehesystems, um Raum für ein Kind bzw. Kinder zu machen
   b. Koordinierung von Aufgaben der Kindererziehung, des Umgangs mit Geld und der Haushaltsführung
   c. Neuorientierung der Beziehungen mit der erweiterten Familie, um Eltern- und Großelternrolle mit einzubeziehen

**4. Familien mit Jugendlichen**
   a. Veränderungen der Eltern-Kind-Beziehungen, um Jugendlichen zu ermöglichen, sich innerhalb und außerhalb des Familiensystems zu bewegen
   b. Neue Fokussierung auf die ehelichen und beruflichen Themen der mittleren Lebensspanne
   c. Hinwendung auf die gemeinsame Pflege und Sorge für die ältere Generation

**5. Entlassen der Kinder und nacheheliche Phase**
   a. Neuaushandeln des Ehesystems als Zweierbeziehung
   b. Entwicklung von Beziehungen mit Erwachsenenqualität zwischen Kindern und Eltern
   c. Neuorientierung der Beziehungen, um Schwiegersöhne/-töchter und Enkelkinder einzubeziehen Auseinandersetzung mit Behinderungen und Tod von Eltern (Großeltern)

**6. Familien im letzten Lebensabschnitt**
   a. Aufrechterhalten des Funktionierens als Person und Paar angesichts körperlichen Verfalls; Erkundung neuer familiärer und sozialer Rollenoptionen
   b. Unterstützung einer zentralen Rolle der mittleren Generation

c. Im System Raum schaffen für die Weisheit und Erfahrung der Alten; Unterstützung der älteren Generation, ohne sich zu stark für sie zu engagieren

d. Auseinandersetzung mit dem Tod des Partners, dem Tod von Geschwistern und anderen Gleichaltrigen sowie die Vorbereitung auf den eigenen Tod. Lebensrückschau und Integration" (Schneewind 1999, S. 97f).

Nur wenn die Familienentwicklungsaufgaben bewältigt werden, kann die Familie erfolgreich bestehen. Sie sind entscheidend für den Entwicklungsverlauf der Familie. Werden diese Aufgaben nicht wahrgenommen oder nicht erfüllt, so hat das negative Auswirkungen auf die ganze Familie (vgl. Rollett, Werneck 2002b, S. 11).

Schneewind weist darauf hin, dass die Familienentwicklungstheorie keine Theorie im eigentlichen Sinn ist, sondern lediglich die Beschreibung von verschiedenen Phasen liefert (vgl. 1999, S. 99).

Scheuerer-Englisch verweist auf verschiedene altersbedingte Thematiken, die ein Kind während seiner Entwicklung zum Erwachsenen bewältigen muss. Mit 1-3 Jahren die „Entwicklung von Neugier und Autonomie", mit 3-6 Jahren die „Steuerung seiner Impulse und den Aufbau von gelingenden Gleichaltrigenbeziehungen .., die Entwicklung körperlicher, kognitiver (schulischer) und sozialer Kompetenz (6-10 Jahre) und die Entwicklung einer eigenen Identität und enger neuer Bindungen an einen Partner (Jugendalter und frühes Erwachsenenalter)" (2001, S. 328). Die Entwicklungsthematiken summieren sich jeweils mit dem Alter des Kindes, aber die alterstypische Thematik steht immer im Vordergrund. Außerdem erhöht die erfolgreiche Bewältigung einer Thematik die Chance, dass folgende Aufgaben auch bewältigt werden (vgl. Zimmermann et al. 2000).

## 3.6 Familie als Beziehungssystem

Durch regelmäßige Interaktion zwischen den Familienmitgliedern bildet sich ein Interaktionssystem, in dem alle Familienmitglieder ihren spezifischen Platz haben. Gleichzeitig schaffen sie eine „Beziehungsgeschichte, wodurch das Interaktionssystem dieser Personen zu einem Beziehungssystem wird" (Schneewind 1999, S. 22). Solch ein Beziehungssystem besteht aus zwei Teilen. Ein Teil des Beziehungssystems ist von außen objektiv beobachtbar und manifestiert „sich in den wiederkehrenden Interaktionen zwischen zwei oder mehr Personen" (Schneewind 1999, S. 22). Gleichzeitig hat jede Interaktionsperiode zwischen den Familienmitgliedern Einfluss auf deren zukünftige Interaktion. Dieser stetige Prozess ist geprägt von einem Wechsel zwischen Stabilität und Wandel (vgl. Schneewind 1999, S. 22f).

In einem Familiensystem stehen alle Mitglieder stets in Wechselwirkung zueinander. Das gesamte System wird von außen beeinflusst und auch durch jede Dyade (z.B. Mutter-Vater) oder Triade (z.B. Mutter-Kind 1-Kind 2) im Familiensystem entstehen Wechselwirkungen auf das gesamte System.

## 3.6 Familie als Beziehungssystem

Petzold (1999) stellt das epigenetische Modell zur Entwicklung von Beziehungssystemen nach Wynne (1985) dar. Es geht von der Bindungstheorie und den Entwicklungsstufen nach Erikson aus. In vier aufeinanderfolgenden Prozessen wird eine Beziehung entwickelt: Grundlegend ist das Bindungs- und Fürsorgeverhalten, mit dem eine Bindung zwischen dem Kind und seinen Eltern aufgebaut wird. In intimen Beziehungen nimmt das Kommunizieren miteinander einen besonders großen Stellenwert ein. In einem Beziehungssystem werden Probleme gemeinsam gelöst, um Stress zu bewältigen. Petzold beschreibt „Gegenseitigkeit .. als höchster epigenetischer Prozeß," indem die Bedürfnisse und Interessen des Einzelnen mit denen des Anderen abgestimmt werden (vgl. Wynne 1985, S. 134, zit. nach Petzold 1999, S. 52). Gemeinsame Erfahrungen, Gefühle und Fantasien sind wichtige Elemente von Gegenseitigkeit (vgl. Wynne 1985, S. 134, nach Petzold 1999, S. 52).

Petzold charakterisiert dieses Modell als besonders offen und zudem berücksichtigt es persönlichkeitspsychologische Prozesse. Es erkennt „transaktionale Prozesse an, die sich auf verschiedenen Ebenen im Verlaufe der Entwicklung von Beziehungen herausbilden" (1999, S. 52).

Die Familie grenzt sich als intimes Beziehungssystem von anderen Beziehungssystemen durch folgende Merkmale ab:

„(1) *Abgrenzung*. Damit ist gemeint, daß zwei oder mehr Personen ihr Leben in raumzeitlicher Abhebung von anderen Personen oder Personengruppen nach bestimmten expliziten oder impliziten Regeln in wechselseitiger Bezogenheit gestalten. Der Aspekt der raum-zeitlichen Abhebung impliziert zum einen

(2) *Privatheit*, d.h. das Vorhandensein eines umgrenzten Lebensraumes (z.B. eine Wohnung) oder zumindest eines Mediums (z.B. Telefon), in dem ein wechselseitiger Verhaltensaustausch möglich ist, und zum anderen

(3) *Dauerhaftigkeit*, d.h. einen auf längerfristige Gemeinschaft angelegten Zeitrahmen, der sich aufgrund wechselseitiger Bindung, Verpflichtungen und Zielorientierungen ergibt. Auf diesem Hintergrund gewinnt schließlich ein viertes Kriterium Gestalt, nämlich

(4) *Nähe*, d.h. die Realisierung von physischer, geistiger und emotionaler Intimität im Prozess interpersonaler Beziehungen" (Schneewind 1999, S. 24f).

Biologische Voraussetzungen der Eltern und der Kinder, sowie deren Verhalten tragen zu der „Beschaffenheit der Eltern-Kind-Interaktionen" bei (Siegler et al. 2005, S. 647).

### 3.6.1 Paarbeziehung der Eltern

Die Eltern sind „die Architekten des Familiensystems" (vgl. Satir 1990, zit. nach Schneewind 1999, S. 133). Die Paarbeziehung nimmt innerhalb der Familie eine sehr wichtige Position ein, denn sie ist sozusagen das Grundgerüst der Familie. Die Paarbeziehung der Eltern unterscheidet sich von deren Elternbeziehung.

Schneewind verweist auf ein „kontextuelles Modell zum Verständnis des Verhaltens und Erlebens in Partnerschaften" von Bradbury und Fincham (1991). Die Autoren unterscheiden zwischen distalen und proximalen Kontexten, in denen eine Partnerschaft steht.

Den distalen Kontext betreffend wurde festgestellt, dass die Qualität der Paarbeziehung wesentlich von bestimmten Persönlichkeitsmerkmalen beeinflusst wird. Als solche positiv wirkenden Persönlichkeitsmerkmale nennt Schneewind ein „positives Selbstwertgefühl, prosoziale Orientierung, emotionale Stabilität und [ein] Bedürfnis nach Intimität" (1999, S. 134). Schneewind verweist auf einen Überblick hierzu bei Engl (1997).

Der proximale Kontext umfasst das Kommunikationsverhalten und -erleben. Halford, Kelly und Markman (1997) beschreiben vier Merkmalsbereiche. Sie dienen der Unterscheidung zwischen unglücklichen und glücklichen Paaren. Folgende Merkmalsbereiche sind vor allem bei unglücklichen Paaren zu beobachten: „(a) ineffektive Kommunikations- , Konfliktregelungs- und Problemlösungsfertigkeiten .., (b) ein auch in nicht konflikthaften Situationen merklich reduziertes Ausmaß an positiven Beziehungserfahrungen im alltäglichen Kontakt der Partner .., (c) eine wechselseitig vornehmlich stabile, internale und globale Zuschreibung von negativen Absichten und Eigenschaften der Partner, die vor allem in Konfliktsituationen die Wahrscheinlichkeit für den Einsatz destruktiver Konfliktregulierungsstrategien erhöht .., und (d) ein Vorherrschen von ungünstigen Beziehungserinnerungen bei der Rekonstruktion der gemeinsamen Beziehungsgeschichte" (Schneewind 1999, S. 134). Ein Überblick über verschiedene Studien zu diesem Bereich gibt Schneewind (1999) an dieser Stelle.

### 3.6.2 Die Elternbeziehung

Mit der Geburt des ersten Kindes werden aus dem Paar die Eltern des Kindes. Dieser neue Abschnitt im Leben eines Paares bedeutet eine große Umstellung und bringt viele neue Aufgaben mit sich. Vor allem muss das Paar lernen, auf Elternebene miteinander gut zu funktionieren. Schneewind merkt an, dass vor allem „die Fähigkeit der Eltern, eine Erziehungspartnerschaft einzugehen" mit einer positiven Entwicklung des Kindes einhergeht (Schneewind 1999, S. 138).

Verschiedene Studien belegen die Effekte von positiv oder negativ verlaufender Elternschaft für das gesamte Beziehungssystem Familie (Übersicht bei Schneewind 1999, S. 138f).

### 3.6.3 Eltern-Kind-Beziehungen

Schneewind fasst die Ergebnisse verschiedenster Studien folgendermaßen zusammen:

„Eltern, die auf die Erziehung ihrer Kinder mit Zuneigung, emotionaler Wärme, mit klaren und erklärbaren Regeln, mit der Bereitstellung entwicklungsangemessener Anregungsbedingungen und mit der Gewährung sich erweitern-

## 3.6 Familie als Beziehungssystem

der Handlungsspielräume Einfluß nehmen, können im Schnitt damit rechnen, daß ihre Kinder sich zu selbstbewußten, emotional stabilen, sozial kompetenten, selbstverantwortlichen und leistungsfähigen Personen entwickeln" (vgl. Schneewind 1994a, zit. nach Schneewind 1999, S. 139).

Schneewind spricht von einem Transaktionszyklus aus dem die Eltern-Kind-Beziehung resultiert. Eltern-Kind Interaktionen sind keine linearen Vorgänge, sondern bedingen sich wechselseitig. Als Beispiel fügt Schneewind folgendes an: „Wenn etwa - um an einer beliebigen Stelle des Transaktionszyklus zu beginnen - die Elternperson sich abweisend und strafend verhält, kann dies beim Kind dazu führen, daß es sich unverstanden und nicht akzeptiert fühlt und daher verschlossen und aggressiv reagiert. Dies wiederum mag bei den Eltern Ärger und das Gefühl der Hilflosigkeit auslösen und damit erneut den Boden für ein abweisendes oder strafendes Verhalten gegenüber dem Kind bereiten" (1999, S. 139).

Die Bindung zwischen dem Elternteil und dem Kind nimmt einen wesentlichen Teil der Beziehung ein und ist wichtig für die Qualität deren Beziehung. Außerdem ist die Qualität der frühen Eltern-Kind-Beziehung entscheidend für die Gestaltung späterer Beziehungen des Kindes (vgl. Schneewind 1999, S. 141).

In Anlehnung an Belsky (1984) stellt Schneewind ein Prozessmodell des elterlichen Erziehungsverhaltens dar. Im Wesentlichen besteht dieses Prozessmodell aus sieben Determinanten, die in Wechselwirkung zueinander stehen. Er verweist auf verschiedene Studien, die dieses Prozessmodell untermauern (vgl. 1999, S. 141ff).

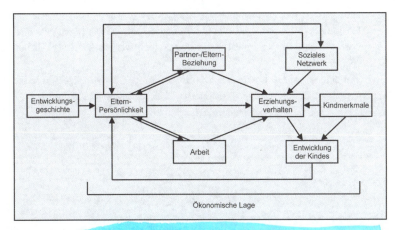

**Abbildung 3.2:** Modell der Einflussgrößen und Effekte von Eltern-Kind-Beziehungen (in Anlehnung an Belsky 1984); vgl. Quelle: Schneewind 1999, S. 142

Dieses Prozessmodell zeigt auf, wie komplex die Eltern-Kind-Beziehung von den Interaktionspartnern selbst, aber auch von außen beeinflusst wird. Es lässt sich erahnen, wie sich bestimmte Veränderungen im Familiensystem, z.B. durch mütterliche Depression, Arbeitsplatzverlust oder eine Scheidung, die wiederum Veränderungen in fast jeder Ebene nach sich zieht, auswirken und die Eltern-Kind-Beziehungen möglicherweise auch negativ beeinflussen.

## 3.7 Familie aus Sicht der Bindungsforschung

Scheuerer-Englisch fasst die Ergebnisse der Bindungsforschung, die sich auf den gesamten Familienkomplex beziehen zusammen.

Die Eltern bilden als Paar eine sichere Basis für das Kind. Die Erziehungsfähigkeit der Eltern, sowie deren eigene Bindungsmuster (vgl. Kapitel 2.4 und 2.5.3 in dieser Arbeit) und Einflüsse von außen wirken sich auf die Eltern-Kind-Bindung und damit auch auf deren Beziehung aus.

Die Qualität der Paarbeziehung wird bestimmt durch deren Fähigkeit Konflikte zu lösen, „gemeinsam Probleme zu lösen, gemeinsam die Erziehungsverantwortung zu übernehmen und dem Kind auch bei belastenden Situationen, z.B. bei Scheidung, Funktionen der sicheren Basis ... anbieten zu können" (Scheuerer-Englisch 2001, S. 325). Wenn solche Fähigkeiten nicht vorhanden sind und das Kind seine Eltern gemeinsam nicht als sichere Basis benutzen kann, hat dies Auswirkungen auf seine psychische Gesundheit. Außerdem haben die Herkunftsfamilien der Eltern einen großen Einfluss auf die Zufriedenheit des Paares und damit auch indirekt auf deren Interaktion und damit auf das Wohlbefinden des Kindes. Scheuerer-Englisch stellt fest, dass „das gesamte Familiensystem in seiner Fähigkeit, für die Mitglieder wechselseitig Sicherheit in Belastungssituationen, offenen Umgang mit Gefühlen und Bedürfnissen und offene autonome Entwicklung bereitzustellen" aus einer erweiterten Sicht der Bindungstheorie beschrieben werden kann (vgl. Scheuerer-Englisch 2001, S. 325).

Desweiteren sind soziale Kontakte außerhalb der Familie eine wichtige Unterstützung der familiären Beziehungen untereinander und wirken sich positiv auf die Eltern-Kind-Beziehungen aus (vgl. Scheuerer-Englisch 2001, S. 326).

# 4 Trennung und Scheidung

„Jede Scheidung ist eine einmalige Tragödie, weil jede Scheidung das Ende einer einzigartigen Lebenskultur bedeutet, die aus Tausenden von geteilten Erfahrungen, Erinnerungen, Hoffnungen und Träumen besteht."
(Hetherington, Kelly 2003, S. 12)

Dieses Kapitel gibt einen Überblick über die aktuelle Scheidungsforschung und den Stand der Datenlage betreffend einer Trennung bzw. Scheidung von Eltern. Es muss darauf hingewiesen werden, dass auch Eltern, die nicht verheiratet waren, einen schweren Trennungsprozess durchlaufen können und dass auch in einer solchen Familie sehr ähnliche Prozesse ablaufen wie in einer Familie, die durch eine Heirat verbunden war. Unabhängig vom Trauschein muss sich die Familie reorganisieren.

Das Bundesministerium für Familie, Senioren, Frauen und Jugend beschreibt zum Stand der Scheidungs- und Trennungsforschung ein sehr uneinheitliches Bild. Das BMFSFJ gibt zu bedenken, dass sich nicht nur negative Folgen einer Trennung der Eltern, sondern ebenso positive Auswirkungen „nach einer allenfalls kurzfristigen Beeinträchtigung" verzeichnen lassen (2006, S. 118). Daher ist es notwendig, nicht nur die Ergebnisse zu betrachten, sondern vor allem auch den Kontext, in dem die Studien eingebettet sind und die Untersuchungsmethodik in den Blick zu nehmen.

Hetherington und Kelly merken Folgendes an: „Das Scheitern einer Ehe lässt sich nicht als isoliertes Ereignis verstehen; es ist Teil einer Reihe von miteinander verwobenen Durch- und Übergängen auf dem Weg der Lebenserfahrungen, die zur Scheidung führen und aus ihr entspringen" (2003, S. 14). Die beiden Autorinnen geben zu bedenken, dass ein Großteil der Scheidungsforschung zu Unrecht ein sehr negatives Bild von Scheidung entwirft. Dies liegt vor allem daran, dass diese Studien den Zeitraum bis zu zwei Jahre nach der Trennung der Eltern im Fokus haben. Dieser Zeitraum reicht nicht aus, „um zwischen Kurz- und Langzeitwirkungen unterscheiden zu können" (2003, S. 16). Außerdem wurden keine Vergleichsgruppen herangezogen, die hätten belegen können, inwiefern gewisse Probleme in allen Familien (Trennungs- und nicht-Trennungsfamilien) vorkommen (vgl. 2003, S. 16).

Schneewind verweist darauf, dass die Scheidung der Eltern nicht zwingend ein pathogenes Ereignis ist, sondern eine transitorische Phase, in der die Familie im Umbruch steht und die sie bewältigen muss, die aber gleichzeitig ein gewisses Risiko beherbergt, Beeinträchtigungen bei den Beteiligten zu verursachen, wenn nicht ausreichend Ressourcen zur Bewältigung bereitstehen (vgl. 1999, S. 150).

Hetherington und Kelly räumen mit sechs verbreiteten Mythen zu geschiedenen Ehen auf. Sie stützen sich dabei auf die Ergebnisse ihrer Langzeitstudie, an der insgesamt ca. 1.400 Familien mit über 2.500 Kindern beteiligt waren. Die Familien wurden zum Teil über drei Jahrzehnte hinweg begleitet. Im Gegensatz zu den meisten Scheidungsstudien zogen sie eine Kontrollgruppe heran, die aus Familien bestand, deren Ehe nicht geschieden war (vgl. 2003, S. 13, 16).

1. Bei einer Scheidung kann man nicht nur zwischen Gewinnern und Verlierern unterscheiden, denn jeder passt sich individuell an die Situation an und im Laufe der Zeit können sich diese Anpassungsmuster ändern. Hetherington und Kelly unterscheiden sechs Anpassungsmuster: „Die *'um eine Erfahrung Bereicherten'* ..., die *Unabhängigen* ..., die *Genügsamen* ..., die, *die sofort wieder nach Anschluss suchen* ..., die *Freizügigen* oder *'Libertins'* ..., die *Verlierer*" (2003, S. 17ff, kursiv wie im Original, Anm. M. K.).

2. Die Kinder sind nicht zwingend die Leidtragenden der Scheidung der Eltern. Die Studie der beiden Autorinnen belegte, dass zwar 25 % der Jugendlichen, die die Scheidung ihrer Eltern erlebten, „ernste soziale, emotionale und psychische Probleme" hatten (im Vergleich zu 10 % aus Normalfamilien), es aber auch eine Minderheit von Adoleszenten gab, die „bereichert aus der Auflösung der Kernfamilie hervor[gingen]" (ebd., S. 19).

3. Die Folgen einer Scheidung unterscheiden sich von Fall zu Fall und sind nicht vorhersehbar. Jeder Betroffene hat sein Schicksal und seinen Weg selbst in der Hand.

4. „Männer sind bei der Scheidung [nicht] die großen Gewinner," denn zwei von drei Ehen (so die Studie) wurde von den Ehefrauen beendet (ebd., S. 20f). Die Frauen bewältigten zudem die Scheidung emotional besser, als die Männer (vgl. ebd., S. 20f).

5. „Eine verständnisvolle, unterstützende und entschiedene Mutter kann das Fehlen eines Vaters und auch die finanziellen Folgen so kompensieren, dass das Kind keine seelischen Schäden davonträgt" (ebd., S. 21).

6. Tod und Scheidung haben unterschiedliche Folgen. Der Tod eines Elternteils ist endgültig. Der verstorbene Elternteil kann idealisiert werden und Familien, die dieses Schicksal erleiden, erfahren aus ihrem sozialen Umfeld oft große Unterstützung. Im Fall einer Scheidung ist das anders. Es herrschen meist große Konflikte zwischen den Eltern, die die Kinder stark belasten. Der abwesende Elternteil wird oft schlecht gemacht und beim Kind können sich Schuldgefühle entwickeln (vgl. ebd., S. 22).

Im Folgenden wird zwischen Ehepartnern mit Kind und ledigen Eltern mit Kind, die in einem gemeinsamen Haushalt gelebt haben, nicht weiter unterschieden, da die psychologischen Bedingungen und Folgen unabhängig von einem Trauschein bestehen können.

## 4.1 Die Familie in der Krise

„Verheiratete Paare verfügen über eine Art von emotionalem Ehekonto. Paare, die mehr abheben, als sie einzahlen, erhöhen ihr Scheidungsrisiko. Mit jedem Austausch gegenseitiger Unterstützung und Freundlichkeit vermehrt ein Paar seinen Kontostand; mit jeder Äußerung von Verachtung, feindseliger Kritik und Gleichgültigkeit belastet es sein Konto."
(Hetherington, Kelly 2003, S. 42)

Staub und Felder verweisen auf Bodenmann (2001), der bestätigte, dass eine der wichtigsten Fähigkeiten in einer Paarbeziehung „der kompetente Umgang mit Stress" ist (2004, S. 19). Stress kann in vielfältiger Form auftreten. Der akute Alltagsstress und große Stressfaktoren belasten eine Paarbeziehung in unterschiedlicher Weise. Eine Beziehung, in der wenig kommunikative Fähigkeiten und wenig Kompromissbereitschaft herrschen, mag an alltäglichem Stress scheitern. Eine gut funktionierende Beziehung, die im Umgang mit alltäglichem Stress geübt ist, verkraftet womöglich ein traumatisches Erlebnis (z.b. der Tod eines Kindes) nicht und zerbricht.

Wie ein Stressor eine Beziehung beeinflusst, ist von verschiedenen Faktoren abhängig. Staub und Felder nennen in diesem Zusammenhang Ursprung, Verbreitung, Abruptheit, Intensität, Vorhersagbarkeit und Kontrollierbarkeit (vgl. 2004, S. 19). Als mögliche Stressoren fügen sie die Persönlichkeit der Partner an, ebenso eine mangelnde Konfliktlösungs- und Kommunikationsfähigkeit, die Unfähigkeit dem anderen zu vertrauen, ungelöste frühere Beziehungen und „das Eingehen einer Partnerschaft sowohl in jungem Alter, als auch nach kurzer Zeit des Kennenlernens," die Ablehnung der Schwiegereltern, das Vorleben einer „unbefriedigenden und konfliktbeladenen Beziehungskultur" der eigenen Eltern und außerdem verschiedene ökonomische Faktoren (z.B. unsicheres, geringes Einkommen, Arbeitslosigkeit) (Staub, Felder 2004, S. 19). Treffen verschiedene Stressoren aufeinander ist die Wahrscheinlichkeit einer Trennung erhöht.

„Forschungsresultate belegen, dass ein direkter Zusammenhang zwischen ineffektiven Kommunikationsmustern, unzureichenden Problemlösestrategien und der Scheidung" besteht (vgl. Bodenmann 2001, zit. nach Staub, Felder 2004, S. 21).

Bodenmann (2002) stellt einen stressorientierten Ansatz zur Familienentwicklung vor, der aufzeigt, dass Stress oft die Ursache für deviantes Verhalten sein kann und „für die Entwicklung und Aufrechterhaltung von internalisierenden und externalisierenden Störungen der Kinder und Jugendlichen ebenso wie der Eltern und für die Auflösung der Kernfamilie im Zuge einer Scheidung verantwortlich gemacht werden kann" (S. 244). Er benennt als familienexterne Stressoren berufliche und finanzielle Belastungen und einen Mangel an Kinderbetreuung außerhalb der Familie. Ist eine Familie durch externe Stressoren belastet, kann sie weniger Ressourcen verwenden, um Alltagsanforderungen, Entwicklungsaufgaben oder kritische Ereignisse zu meistern. Hinzu kommt, dass externe Stressoren ein Familienklima schaffen können, das familieninterne Stressoren fördert. Familieninterne Stressoren sind, aus Elternsicht, eine geringe Qualität der Beziehung (Kommunikationsstörungen, Konflikte), „Belastungen im Zusammenhang mit den Kindern und .. Stress im Zusammenhang mit der Herkunftsfamilie" (Bodenmann 2002, S. 253). Aus Kindersicht sind besonders die partnerschaftlichen Probleme und ein dysfunktionales Erziehungsverhalten der Eltern zu nennen (vgl. Bodenmann 2002, S. 248 - 253).

Die Ursachen für eine Trennung können sehr unterschiedlich sein. Hetherington und Kelly nennen verschiedene Gründe für die Trennung von Ehepartnern. Eine häufige Scheidungsursache sind Konflikte, die die Finanzen der Familie betreffen. Ein Drittel der befragten Ehepartner der Virginia-Langzeitstudie gaben finanzielle Probleme als einen Grund für den Entschluss zur Scheidung an. Arbeitslosigkeit ist für eine Ehe besonders belastend (vgl. 2003, S. 55ff). Sexuelle Probleme wurden ebenfalls als weiterer Faktor angegeben. In einem Drittel der befragten geschiedenen Ehen gab es physische Gewalt, die mit ein Grund für die Scheidung war. Die Autorinnen berichten von geschlechtsspezifischen Unterschieden, z.B. wird der Entschluss zur Scheidung meist von der Ehefrau getroffen, Männer bleiben wegen der Kinder häufiger in unglücklichen Ehen, Frauen dagegen eher aus finanziellen Gründen.

Schneewind weist darauf hin, dass ein Merkmal einer Familie die emotionale Verbundenheit ist. Er formuliert, in Anlehnung an Nelson-Jones (1990), verschiedene Merkmale, die für enge persönliche Beziehungen und damit auch für innerfamiliäre Beziehungen kennzeichnend sind und als Indikatoren für gelungene bzw. misslungene Beziehungen gelten können: „(1) Verantwortung zeigen, (2) Achtung zeigen, (3) innere Verpflichtung zeigen, (4) sich kümmern/fürsorglich sein, (5) offen/selbstöffnungsbereit sein, (6) sich sicher fühlen beim Geben und Empfangen von Feedback, (7) Verstehen zu erkennen geben, (8) Ärger konstruktiv gebrauchen, (9) Konflikte gemeinsam regeln, (10) nicht-ausbeutender Sex (sofern Sexualität Definitionsbestandteil der Beziehung ist), (11) gemeinsame Aktivitäten, (12) Zeit zusammen verbringen" (1999, S. 25). Kehrt man diese Merkmale ins Negative, erhält man Kennzeichen einer misslungenen Beziehung.

„Beziehungsprobleme entstehen häufig dadurch, daß der eine Partner dem anderen ein Zuwenig oder auch Zuviel an beziehungsrelevantem Verhalten zuschreibt" (Schneewind 1999, S. 25f). Anhand dieser Merkmale lassen sich weitere Gründe für eine Trennung vom (Ehe-)Partner formulieren. Schneewind merkt an, dass das richtige Ausmaß an Autonomie und Verbundenheit der Partner ebenfalls beziehungsrelevant ist und, wenn dieses Maß nicht gefunden wird, zum Scheitern der Beziehung beitragen kann (vgl. 1999, S. 26).

Wie bereits oben beschrieben sind die elterlichen Fähigkeiten im Umgang miteinander und gerade im Umgang mit Konflikten entscheidend für eine positive Entwicklung der Beziehung.

Laut Staub und Felder „haben zwischenmenschliche Konflikte die Funktion, unterschiedliche Anschauungen oder Verhaltensweisen sichtbar zu machen, um dann an einer Lösung arbeiten zu können, welche in der Regel aus einem Kompromiss besteht" (2004, S. 23). Wenn die Situation so verfahren ist, dass keine Lösung mehr möglich ist, dann nehmen die Frustrationstoleranz ab und der Ärger zu. In Folge dessen entstehen häufiger Konflikte,

## 4.1 Die Familie in der Krise

die dann letztendlich zu einem Problem werden, das Auswirkungen auf die ganze Familie hat (vgl. Staub, Felder 2004, S. 23).

Die Gründe und Auslöser für den Entschluss zu einer Trennung vom Partner bzw. Ehepartner können also so vielfältig sein, wie die Persönlichkeiten der Betroffenen. Konflikte, welchen Ursprungs auch immer, sind meist der Grund für eine Trennung der Partner.

### 4.1.1 Folgen von Elternkonflikten

Die Qualität der Elternbeziehung nimmt den größten Einfluss auf das Familiensystem. Es ist dabei erst einmal irrelevant, ob die Eltern verheiratet sind, zusammenleben oder geschieden bzw. getrennt sind. Eine stressfreie Elternbeziehung hat positive Auswirkungen auf die Eltern-Kind-Beziehungen, eine stressbeladene Beziehung der Eltern wirkt sich „auf das Verhalten und Wohlbefinden der Kinder" negativ aus (Staub, Felder 2004, S. 23f).

Staub und Felder beschreiben die Auswirkungen von Elternkonflikten auf den Säugling und Kinder ab dem zweiten Lebensjahr ausführlich. Zusammenfassend lässt sich sagen, dass Elternkonflikte für den Säugling eine Störung der gewohnten Umwelt bedeuten. Ein Streit der Eltern wirkt sich z.b. auch durch die Abwesenheit der Eltern bei Streit und deren emotionale Belastung negativ auf die Entwicklung des Kindes aus. Die Eltern verhalten sich anders, als der Säugling es gewohnt ist und er sieht dadurch seine Versorgung gefährdet und gerät selbst in Stress. Auf die Stressreaktionen des Säuglings (z.B. Schreien) reagieren die Eltern in der Regel fürsorglich, so dass der Säugling sich seiner Versorgung wieder sicher sein kann. Bei andauerndem Stress der Eltern reagieren sie evtl. nicht mehr entsprechend fürsorglich und feinfühlig und der Stress des Säuglings wird chronisch. Dadurch kann es zu physischen Beeinträchtigungen kommen (z.B. höhere Infektanfälligkeit) (vgl. Staub, Felder 2004, S. 24).

Auch bei einem älteren Kind kann der dauerhafte Streit der Eltern „zu einer chronischen Aktivierung des physiologischen Stresssystems und zu den damit zusammenhängenden körperlichen und psychischen Symptomen" führen (Staub, Felder 2004, S. 25).

Das Kind will natürlich nicht, dass seine Eltern sich streiten und verändert sein Verhalten dahingehend, dass es das Streitverhalten der Eltern minimiert. Kurzfristig mag das einen gewissen Erfolg haben, aber auf Dauer schadet dieses Verhalten dem Kind mehr, als es nützt. Denn dabei bleiben seine eigenen Bedürfnisse oft auf der Strecke. Das Kind weiß den Streit der Eltern nicht einzuschätzen, sucht nach richtig oder falsch, versucht einen Schuldigen zu finden, will aber nicht das ein Elternteil schuld hat und macht sich dann evtl. sogar selbst Vorwürfe und hat Schuldgefühle. Der Egozentrismus eines Vorschulkindes kann also, gekoppelt mit seinen Ängsten und Sorgen, zu Schuldgefühlen führen. Das Kind sieht sich „als Mittelpunkt des Geschehens," denn „die Fähigkeit der Kinder, Lebensereignisse adäquat zu interpretieren ist begrenzt" (Staub, Felder 2004, S. 25). Staub und Felder bezeichnen die Kinder als „Gefangene der Streitigkeiten der Eltern," denn sie leiden letztendlich am meisten darunter (2004, S. 25).

Braun beschreibt Reaktionen von Schuldgefühlen bei jedem Familienmitglied. Eltern und Kinder sind dann „in einem komplexen System von Schuldgefühlen und Beschuldigungen, von Ängsten und Gegenängsten, von Verletztwerden und Verletzen gefangen" (1997, S. 60). Aus der Not, seine eigenen Schuldgefühle kaum zu ertragen, werden Schuldzuweisungen vorgenommen, die wieder weitere Konflikte mit sich bringen können.

Kinder, deren Eltern in tiefen Konflikten verstrickt sind, beschäftigen sich außerdem mit der Frage nach Gut und Böse, haben Schwierigkeiten herauszufinden, mit wem sie sich identifizieren sollen und fühlen sich womöglich nicht liebenswert und sind verwirrt, weil sie keine ausreichenden Bewältigungsstrategien zur Verfügung haben. Diese Hilflosigkeit bewirkt bei den Kindern oft einen Rückzug und depressive Stimmung (vgl. Staub, Felder 2004, S. 26).

„Die emotionale Sicherheit des Kindes wird .. durch die Charakteristik der einzelnen Konflikteigenschaften ... beeinträchtigt" (vgl. Davis, Cummings 1995; zit. nach Staub, Felder 2004, S. 26). Die Autoren nennen folgende Konflikteigenschaften:

- *Konflikthäufigkeit*: „Je häufiger die Eltern eheliche Kämpfe ausfechten, desto mehr leidet das Kind darunter und zeigt in Folge Verhaltensprobleme" (Staub, Felder 2004, S. 26f).

- *Ausmaß des Konfliktes*: Bei jüngeren Kindern hat die Ausprägung des Konfliktes Auswirkungen auf Bindungsverhalten und Ängste, das Ausmaß fällt bei ihnen mehr ins Gewicht als bei älteren Kindern. Jugendliche können auch den Inhalt und die Art des Konfliktes wahrnehmen. „Je ausgeprägter der Konflikt, umso wahrscheinlicher werden Gewaltdrohungen, Handgreiflichkeiten und Suizid- oder Weglaufdrohungen" (Staub, Felder 2004, S. 27).

- *Art des Konfliktes*: „Körperliche Gewalt zwischen den Eltern [hat] die schlimmsten Auswirkungen auf die Kinder bezüglich negativer Reaktionen und Verhaltensprobleme" (Staub, Felder 2004, S. 27). Zwischen 50 und 60 % der Kinder, die häusliche Gewalt erleben, sind verhaltensauffällig oder reifungsverzögert, zeigen Tendenzen zu „aggressivem Verhalten, sind ängstlich und haben ein schlechtes Selbstwertgefühl .... [Sie] zeigen häufig posttraumatische Belastungsstörungen, Depressionen, regressives Verhalten, Schlafstörungen und eine erhöhte Anfälligkeit für andere psychische Störungen" (Staub, Felder 2004, S. 27f). Außerdem sind Erwachsene, die selbst Gewalt in der Familie erlebten, häufig gewalttätig gegen eigene Familienmitglieder.

- *Gegenstand des Konfliktes*: „Streitigkeiten über kindbezogene Themen sind besonders belastend für das Kind, weil diese Konflikte ein großes Scham- und Schuldpotenzial beinhalten" (Staub, Felder 2004, S. 28).

- *Art und Weise der Konfliktauflösung*: „Je offensichtlicher die Beendigung des Konfliktes für das Kind ist, desto weniger leidet es" (Staub, Felder 2004, S. 28). Ein wichtiger Faktor ist auch, ob der Streit friedlich beigelegt wurde, oder ob ein Elternteil beispielsweise wütend aus der Wohnung gerannt ist. Ist eine konstruktive Konfliktlösung für das Kind erkennbar, hat es weniger negative Einflüsse auf sein Wohlbefinden.

## 4.1.2 Vorbereitung auf die Scheidung

Eine bevorstehende Trennung oder Scheidung der Eltern ist für alle Kinder beängstigend und bedrohlich. Auch wenn die Aussicht besteht, dass die Eltern sich weniger streiten und es vielleicht 'ruhiger' wird, ist es doch ein gravierender Einschnitt in das Familiensystem und aus Sicht der Kinder sicherlich nicht die beste Lösung. Eine Trennung der Eltern bedeutet immer, dass ein Elternteil die Familie verlassen wird und für das Kind ab diesem Zeitpunkt weniger verfügbar ist.

Den Entschluss zur Trennung trifft in der Regel nur ein Partner. Das bedeutet aber im Umkehrschluss, dass der andere mit der neuen Situation nicht einverstanden ist und entsprechend Schwierigkeiten haben kann, sich an die neue Situation anzupassen. Der Partner, der mit der Trennung konfrontiert wird, ist also in der Regel nicht so gut auf die Trennung vorbereitet, wie der andere. Der verlassene Partner kann Schuldgefühle entwickeln und sich für die Trennung verantwortlich fühlen. Das kann bis zu depressivem Verhalten und Minderwertigkeitsproblemen führen.

## 4.2 Der Scheidungsprozess

„Die Scheidung ist ebenso eine Chance für persönliches Wachstum und ein besseres Leben wie eine Zeit voller Stress und Wirren."
(Hetherington, Kelly 2003, S. 97)

Die rechtliche Scheidung ist ein langwieriger Prozess. Die emotionale Trennung vom Partner kann noch Jahre länger dauern. Dieses Kapitel beschreibt den Prozess einer Scheidung. In manchen Fällen trennen sich aber auch Eltern, die keinen Trauschein hatten. Für den Prozess der Trennung können ähnliche Phasen angenommen werden, wenn auch die Literatur kein entsprechendes Modell anbietet. Auch nicht-eheliche Eltern können nach deutschem Gesetz das gemeinsame Sorgerecht haben und dementsprechend können auch sie rechtliche Prozesse um Umgang und Sorgerecht führen. Die Auswirkungen auf die Kinder sind in dem Fall sehr ähnlich.

Scheidungsprozessmodelle gibt es viele, zum Teil sind sie aus der therapeutischen Praxis heraus entstanden. Immer wieder wurde Kritik an ihnen geäußert. Der Scheidungsprozess ist nicht generalisierbar, da die Persönlichkeiten, die involviert sind, sehr unterschiedlich sind. Außerdem gibt es nicht nur Prozesse, die nach vorn führen, sondern auch rückläufige, die in Prozessmodellen schwer darstellbar sind (vgl. Sander 2002, S. 270f).

In der Forschung wird gewöhnlich ein dreiteiliges Phasenmodell angenommen, das Trennungs- und Scheidungsabläufe klassifiziert. „Als *Ambivalenzphase* wird ... das Stadium einer anhaltenden und/oder eskalierenden Ehekrise definiert, indem zumindest bei einem Partner feste Trennungsabsichten bestehen, die aber meist noch nicht konkret artikuliert werden" (Sander 2002, S. 271, kursiv wie im Original, Anm. M.K.). Die *Trennungs- und Scheidungsphase* ist durch die räumliche Trennung der Partner gekennzeichnet. Die *Nachschei-*

*dungsphase* oder Reorganisationsphase beginnt, wenn die juristische Scheidung vollzogen ist. Sander verweist auf Hetherington (u.a. 1989), die die Nachscheidungsphase in zwei weitere Phasen gliedert. Das erste Jahr nach der Scheidung ist geprägt von einer Desorganisation im familiären System und den Beteiligten. Das zweite Jahr ist gekennzeichnet von einer zunehmenden Stabilität (vgl. Sander 2002, S. 271).

## 4.3 Folgen der Trennung

Sind die Eltern getrennt, leben also nicht mehr miteinander und ein Elternteil lebt fortan mit dem Kind allein, beginnt eine sehr schwierige Phase für Kind und Eltern. Die Anpassung an die neue Situation und das 'Hinnehmen müssen' dieser Veränderung sind für alle Beteiligten meist sehr belastend.

Sander (2002, S. 273) gibt einen Überblick über verschiedene Längsschnittstudien, die sie für besonders herausragend in ihrer Komplexität hält. Es sind die Studien von Hetherington, Cox und Cox (1978), Kurdek, Blisk und Siesky (1981), Wallerstein und Kelly (1975, 1976, 1977, 1980; Wallerstein 1985, 1987), Wallerstein und Blakeslee (1989), die Virginia Longitudinal Study of Divorce and Remarriage von Hetherington (1993) (vgl. auch Hetherington, Kelly 2003) und die deutsche Langzeitstudie von Schmidt-Denter und Mitarbeitern (Schmidt-Denter, Beelmann 1995) zu nennen. Sander fasst die Ergebnisse dieser Studien zusammen:

Die von einer Scheidung betroffenen Erwachsenen haben sich zum Großteil ein paar Jahre nach der Trennung an die neue Situation angepasst und auch die Kinder zeigen meist nach zwei Jahren nach der Trennung der Eltern keine Auffälligkeiten in ihrem Verhalten mehr (vgl. 2002, S. 273).

Außerdem stellt Sander die Widersprüchlichkeit von verschiedenen Studien zu Scheidung dar. Obwohl viele Studien eher negative Auswirkungen einer Scheidung feststellten, belegten andere das Gegenteil und es ist bei Kindern u.a. von „sozial kompetenterem Verhalten und weniger Verhaltensauffälligkeiten als [von] Kindern aus Zweielternfamilien" die Rede (2002, S. 275). Es müssen daher immer der Kontext der Studie und der spezifischen Trennungssituaiton berücksichtigt werden. Der sozioökologische Hintergrund ist beispielsweise eine wichtige Komponente, wenn man die Auswirkungen einer Scheidung auf alle Betroffenen betrachten will, ebenso die verschiedenen Persönlichkeiten, die beteiligt sind.

### 4.3.1 Schutz- und Risikofaktoren

Als Schutzfaktoren gelten im Folgenden Faktoren, die negative Folgen der Scheidung für die Beteiligten minimieren und einen normalen Entwicklungsverlauf unterstützen. Risikofaktoren sind solche, die der Entwicklung und dem Wohlbefinden des Kindes und seiner Eltern schaden und eine pathologische Entwicklung nach der Trennung begünstigen.

## 4.3 Folgen der Trennung

Sander (2002, S. 277) beschreibt Risiko- und Schutzfaktoren unter Hinzunahme des Modells von Bronfenbrenner (1976), das vier Ebenen des sozioökologischen Umfeldes unterscheidet (vgl. auch Kapitel 3.3 in dieser Arbeit).

Wenn man davon ausgeht, dass die „Ehescheidung heute keine Ausnahmeerscheinung mehr ist und die Einstellung gegenüber Geschiedenen liberaler geworden ist, kann man annehmen, dass die gesellschaftlichen Rahmenbedingungen für geschiedene Eltern heute günstiger sind als noch vor wenigen Jahrzehnten" (Makrosystem) (vgl. z.B. Veevers 1991, zit. nach Sander 2002, S. 277). Diese gesellschaftliche Veränderung wirkt sich auch auf institutioneller Ebene aus. Alleinerziehende erhalten nun viel mehr staatliche Unterstützung (durch Beratung, Unterhaltsvorschusskasse, Bevorzugung bei der Kindergartenplatzvergabe usw.).

Ein weiterer Schutzfaktor ist im Exosystem zu finden. Die Unterstützung des sozialen Umfeldes kann eine positive Entwicklung nach der Scheidung begünstigen. Umgekehrt kann das soziale Umfeld, das evtl. einem Elternteil die Schuld an der Scheidung gibt, zusätzlich belastend wirken.

Fehlende finanzielle und materielle Ressourcen können als Risikofaktoren wirken. Finanzielle Not erhöht zudem die „Wahrscheinlichkeit eines inkompetenten elterlichen Erziehungsstils" (vgl. Colleta 1983, zit. nach Sander 2002, S. 277). Wenn Mutter und Kind eine gute Beziehung zueinander haben, kann dies wiederum die erfolgreiche Bewältigung der materiellen Schwierigkeiten begünstigen (vgl. Sander, Berger, Isselstein-Mohr 1983, nach Sander 2002, S. 277).

Folgende Persönlichkeitsmerkmale der Eltern können sich als Schutzfaktoren günstig auf die Bewältigung der Scheidung auswirken (vgl. Sander 2002, S. 277ff): Eine grundsätzlich positive Bewältigung von schwierigen Situationen; eine allgemeine Einstellung zur Trennung, als ein Ereignis, mit dem man rechnen muss (vgl. Sander 2002, S. 278); junges Alter der Alleinerziehenden, da sie sich besser an neue Rolle gewöhnen als ältere Mütter; eine extrem kurze oder extrem lange Ehe; eine längere Vorbereitung auf die Trennung; ein hoher Bildungsstand (vgl. Guttman 1993) und letztendlich bestimmte Stressverarbeitungsstrategien (vgl. Jesse, Sander 1999).

Grundsätzlich können auch Schutzfaktoren zu Belastungsfaktoren werden, wenn sich die Umstände ändern. Daher sind immer die konkreten Umstände zu berücksichtigen. Verallgemeinerungen sind nur mit diesem Vorbehalt möglich.

Hetherington und Kelly (2003) nennen folgende Schutzfaktoren für Erwachsene, die eine Trennung bewältigen müssen: soziale Reife (d.h. Planungsfähigkeit, Selbstdisziplin, Anpassungsfähigkeit, soziale Verantwortung), Autonomie, Innenlenkung (aktive Bewältigung der Probleme von innen, nicht fremdgesteuert), Religiosität (gibt Stabilität), Arbeit (gibt ebenfalls Stabilität), soziale Unterstützung und neue Liebesbeziehungen (Selbstachtung nimmt zu) (vgl. S. 105 - 114). Als Risikofaktoren gelten eine antisoziale Persönlichkeit (häufiger selbst erzeugter Stress, Verantwortungslosigkeit, keine Kompromissbereitschaft), Impulsivität (unüberlegtes Handeln, kann Eltern-Kind-Beziehung belasten),

Neurotizismus/Depression, Bindung an eine/n Ex (Klettverschlusseffekt: „Energie ... geht in die obsessive Beschäftigung mit dem ehemaligen Ehepartner" (S. 120)), nichteheliche Lebensgemeinschaft (Empfinden von weniger Verpflichtungen), Promiskuität, niedrigerer sozialökonomischer Status und die Familiengeschichte (Eltern selbst Scheidungskinder) (vgl. Hetherington, Kelly 2003, S. 115 - 126).

In Bezug auf die Scheidungskinder fasst Sander (2002, S. 280ff) folgende Persönlichkeitsmerkmale als förderlich oder hemmend zusammen: Je jünger das Kind ist, desto weniger versteht es die Trennung seiner Eltern und desto gefährdeter ist es in seiner Entwicklung (vgl. Wallerstein, Kelly 1980). Mädchen internalisieren die Probleme eher als Jungen. Jungen neigen eher zu auffälligem Verhalten (vgl. Kurdek, Blisk, Siesky 1981). Kinder, die bei dem gleichgeschlechtlichen Elternteil aufwachsen, sind weniger gefährdet eine ungünstige Entwicklung zu durchlaufen (vgl. Hetherington 1993). Ein schwieriges Temperament des Kindes wirkt als Risikofaktor (vgl. auch Hetherington, Kelly 2003, S. 200ff). Je höher die sozial-kognitiven Fähigkeiten des Scheidungskindes sind, desto eher kann es sich von der Trennung seiner Eltern distanzieren und hat weniger Schuldgefühle (vgl. Selman 1984). Kinder mit aktiven Bewältigungsstrategien haben weniger Probleme in anderen Bereichen (vgl. Sandler, Tein, West 1994). Außerdem sind Kinder mit höheren sozialen Fähigkeiten weniger stressanfällig (vgl. Hetherington, Kelly 2003, S. 202f). Jungen sind zudem eher gefährdet als Mädchen. Hetherington und Kelly nennen verschiedene Gründe dafür. Ihre Studie zeigte, dass Jungen „von ihren überlasteten Müttern weniger emotionale Unterstützung bekommen" und dass der Verlust der Vaterfigur ein weiterer Grund sein kann (vgl. Hetherington, Kelly 2003, S. 203f).

Desweiteren stehen verschiedene kontextuelle Faktoren in Zusammenhang mit der Entwicklung von Trennungskindern. Grundsätzlich ist ein niedriger sozio-ökonomischer Status der Mutter-Kind-Familie ungünstig. In Beziehung dazu steht der Bildungsstand der Mutter. Soziale Netzwerke und ein positives, stützendes Familienklima wirken stabilisierend. Offen ausgetragene Konflikte zwischen den Eltern schädigen die Entwicklung und die psychische Gesundheit des Kindes. Das Kind kann in schädigende Loyalitätskonflikte geraten. Häufige konfliktbelastete Umgangskontakte sind für ein Kind eher schädlich als nützlich. Grundsätzlich stehen diese Faktoren in Wechselwirkung zueinander. Ein niedriger sozio-ökonomischer Status geht meist mit einem geringen Bildungsniveau einher und begünstig ein für das Kind belastendes Familienklima (vgl. Sander 2002, S. 282ff).

Für eine positive Entwicklung des Kindes ist weiterhin ein qualitativ guter Umgang mit dem außerhalb lebenden Elternteil wichtig. Die Quantität, also die Häufigkeit der Besuchskontakte ist weniger relevant. Das gemeinsame Sorgerecht wird von Sander als weiterer Schutzfaktor beschrieben. Wenn beide Elternteile auch nach der Trennung kooperieren, ist das der Entwicklung des Kindes dienlich (vgl. Sander 2002, S. 284).

Staub und Felder nennen als wesentlichen Schutzfaktor den Erziehungsstil der getrennten Eltern. Ein autoritativer Erziehungsstil birgt drei Schutzwirkungen: Sind die Eltern verlässlich, wirkt dies beruhigend und stabilisierend auf das Kind. Dieser Erziehungsstil ermöglicht „gegenseitiges Vertrauen und gegenseitigen Respekt, was die Führung des Kindes erleichtert" (2004, S. 37). Eltern, die diesen Erziehungsstil praktizieren, haben „ein feines Gespür für die Gefühle, Bedürfnisse und Fähigkeiten des Kindes und sind in der Lage, darauf verständnisvoll zu reagieren" (2004, S. 37). Auch Hetherington und Kelly verweisen auf die Wichtigkeit des elterlichen Erziehungsstils und bezeichnen den autoritativen Erziehungsstil ebenfalls als Schutzfaktor (vgl. 2003, S. 175 - 178).

Verhaltensauffälligkeiten von Trennungskindern können sich verfestigen, wenn folgende Risikofaktoren hinzukommen: „ein hohes Ausmaß an *interparentalem Konflikt* ..., ein hohes Ausmaß an *elterlicher Uneinigkeit und fehlender Gemeinsamkeit* in der Ausübung ihrer Erzieherrolle, .. ein wenig kontrollierendes und inkonsistentes *Disziplinierungsverhalten* der Eltern ..., ein elterlicher *Erziehungsstil*, der sich durch geringe emotionale Nähe und Unterstützung auszeichnet und .. ein *'schwieriges' Kindtemperament*, das den Eltern ihre Erziehungsaufgabe erschwert" (Schneewind 1999, S. 149, kursiv wie im Original, Anm. M.K.). Diese Einflüsse stehen in einem systemischen Zusammenhang zueinander und können durch weitere Stressoren verstärkt werden (z.B. fehlende finanzielle Ressourcen, wenig soziale Unterstützung, Persönlichkeitsprobleme) (vgl. Schneewind 1999, S. 149). Kehrt man die Risikofaktoren ins Positive, also bspw. an Stelle elterlicher Uneinigkeit tritt Einigkeit zwischen den Eltern, kann man verschiedene Schutzfaktoren erkennen.

Hetherington und Kelly (2003) beschreiben wie Risiko- und Schutzfaktoren wirken. Grundsätzlich gilt, je mehr Schutzfaktoren vorhanden sind, desto besser kann eine Trennung bewältigt werden. Aber die Schutzfaktoren müssen auch entsprechend genutzt werden, sonst wirken sie nicht. Ein Schutzfaktor muss zweckdienlich sein und zum richtigen Zeitpunkt verfügbar. Außerdem unterliegen auch Schutz- und Risikofaktoren Veränderungen, sodass aus einem Schutz- auch ein Risikofaktor werden kann. Sie „wirken nur vorübergehend" (ebd., S. 128). Die Autorinnen nennen weiterhin noch das Niveau der Stressbelastung und die Individualität aller beteiligten Persönlichkeiten als weitere Variablen (vgl. ebd., S. 126 - 130).

### 4.3.2 Positive Folgen der Trennung

In der Scheidungsforschung herrscht Konsens darüber, dass eine Trennung der Eltern emotionale Probleme und Verhaltensauffälligkeiten beim Kind verursachen kann und Trennungskinder mehr schulische Probleme zeigen als Kinder nicht-getrennter Eltern. Der Trennung der Eltern muss aber kein negativer Entwicklungsverlauf des Kindes folgen. „Nicht selten entwickeln Kinder im Zusammenhang mit der Anpassung an die veränderten Umstände besondere Kräfte und Fähigkeiten" (Staub, Felder 2004, S. 39).

Staub und Felder nennen mögliche positive Scheidungsfolgen (vgl. 2004, S. 39f): Die „Bewusste Beziehungspflege" (Elternebene), vor allem zwischen Vater und Kind, wenn dieser nach der Trennung beispielsweise ein Wochenende mit dem Kind gemeinsam erlebt, aber genauso auch zwischen Mutter und Kind, wenn die Mutter nach der Trennung eine Erwerbstätigkeit aufnimmt und im Zuge dessen die Zeit mit dem Kind bewusster gestaltet (2004, S. 39). Unterschiedliche Vorstellungen von Religion, Ernährung usw. können eher akzeptiert werden als vor der Trennung (Elternebene). Die Trennung der Eltern kann die Kontrollüberzeugung (wichtiger Belastungsschutz) des Kindes fördern (Kindesebene). Kontrollüberzeugung bezeichnet das Vertrauen, das man in sich selbst hat, über Situationen oder Verhaltensweisen Kontrolle zu haben, selbst wenn außenstehende Personen anderer Meinung sind. Belastende Situationen können, wenn sie erfolgreich gemeistert werden, das Selbstwertgefühl des Kindes erhöhen (Kindesebene). „Erhöhte Empathiefähigkeit und eine geringere Geschlechtsrollenfixierung" werden von den Autoren als weitere positive Scheidungsfolgen benannt (2004, S. 40).

Kinder, die in extrem konfliktbelasteten oder gewalttätigen Familien aufwachsen und dann durch die Trennung der Eltern eine Ein-Elternteil-Familie erleben, die sehr harmonisch ist und der Elternteil zudem noch fähig und engagiert ist, dann bedeutet dies eine Verbesserung der Lebensumstände für das Kind, was sich auf seine Entwicklung positiv auswirken wird. Solche Kinder zeigten zwei Jahre nach der Trennung der Eltern weniger Auffälligkeiten und waren glücklicher (vgl. Hetherington, Kelly 2003, S. 155).

In Bezug auf Scheidungskinder als Erwachsene, fassen Hetherington und Kelly ihre Ergebnisse folgendermaßen zusammen: „80 Prozent der Kinder aus geschiedenen Familien [stellten sich] auf ihr neues Leben [ein] .. und [wurden] mehr oder weniger ausgeglichene Individuen" (ebd., S. 304). Ein Teil der betroffenen Mädchen zeichnete sich durch eine sehr hohe Lebenskompetenz aus. Hingegen litten 20 Prozent der Scheidungskinder unter Depressionen und zeigten verantwortungsloses, impulsives und auch dissoziales Verhalten. Grundsätzlich hatten diese jungen Erwachsenen Probleme „in ihrem Leben Halt zu finden" (ebd., S. 304). Demgegenüber stehen allerdings 10 Prozent junge Erwachsene, die die gleichen Probleme haben, jedoch nicht aus Scheidungsfamilien kommen (in diesen Familien herrschen viele Konflikte und kaum autoritative Erziehung) (vgl. ebd., S. 305).

### 4.3.3 Negative Folgen der Trennung

Die Scheidungsforschung nimmt drei Ebenen der negativen Auswirkungen von Trennung an:

**1. Strukturelle Ebene:** Nach einer Scheidung ist die Familie nicht mehr vollständig und weist einen „Mangel an sozialisatorischen Funktionen" auf (Staub, Felder 2004, S. 40).

**2. Ökonomische Ebene:** Die ökonomischen Verhältnisse verändern sich (meist zum Schlechteren). Abgesehen von dem subjektiven Gefühl des Einzelnen sozial abgestiegen zu sein, ergeben sich verschiedene Nachteile für die Ernährungs- und Gesundheitsversorgung und für die Ausbildung der Kinder.

**3. Konflikt- oder Beziehungsebene:** Diese Ebene ist die bedeutendste, da diese die Entwicklung des Kindes am nachhaltigsten beeinflussen kann. Staub und Felder (2004) unterscheiden verschiedene Verlaufstypologien:

*Typ A: Niedriges Konfliktniveau vor der Scheidung/Niedriges Konfliktniveau nach der Scheidung*

Kinder, die eine Trennung dieses Typus erleben, können „kurzfristig stark von den familiären Neuorientierungen betroffen" sein. Es wird für die Kinder auf Dauer problematisch, wenn sie die Trennung ihrer Eltern emotional nicht nachvollziehen können. Außerdem sind Kinder, die in anderen Bereichen Defizite aufweisen, von dieser Konstellation eher benachteiligt, als Kinder ohne Defizite (ebd., S. 41).

*Typ B: Niedriges Konfliktniveau vor der Scheidung/Hohes Konfliktniveau nach der Scheidung*

Kinder dieser Gruppe müssen sich damit auseinander setzen, dass die elterlichen Konflikte nach der Scheidung zunehmen. Sie „sind in ihrer Entwicklung umso bedrohter, je geringer ihre Ressourcen vor der Scheidung waren" (ebd., S. 42).

*Typ C: Hohes Konfliktniveau vor der Scheidung/Niedriges Konfliktniveau nach der Scheidung*

Kinder solcher Familien scheinen am ehesten von der Scheidung ihrer Eltern zu profitieren, unter der Voraussetzung allerdings, dass das hohe Konfliktniveau vor der Scheidung nicht schon negative Folgen für das Kind hatte.

*Typ D: Hohes Konfliktniveau vor der Scheidung/Hohes Konfliktniveau nach der Scheidung*

Die negativen Auswirkungen der Scheidung addieren sich zu den Problemen vor der Scheidung, so dass diese Kinder wohl am schlimmsten betroffen sind. Staub und Felder weisen darauf hin, dass sich die Folgen möglicherweise nicht nur addieren, sondern sich in ihrer Auswirkung gegenseitig verstärken, sodass die Belastung noch höher ist. Sie sprechen in diesem Sinn von Potenzierung (vgl. ebd., S. 42).

**Auswirkungen auf die Kinder**

„Für ein kleines Kind ist die psychologische Aufgabe, eine Scheidung zu bewältigen, etwa damit vergleichbar, ein Zentnergewicht zu stemmen" (Hetherington, Kelly 2003, S. 156). Eine Scheidung bedeutet für ein Kind einen Verlust zu erleiden. Dies ist meist der Verlust des Vaters, kann außerdem der Verlust von Zuhause und der Verlust von Freunden sein. Das Kind, das kognitiv und emotional noch nicht voll entwickelt ist, wird „bis zur absoluten Leistungsgrenze und manchmal auch darüber hinaus" belastet (Hetherington, Kelly 2003, S. 156).

Lehmkuhl (1999) verweist auf Wallerstein und Corbin (1996), die die anglo-amerikanische Literatur zusammenfassen. Kinder aus unvollständigen oder Trennungsfamilien haben ein „doppelt bis dreifach höheres Risiko .., emotionale Probleme und Verhaltensschwierigkeiten zu entwickeln als Kinder, die mit ihren biologischen Eltern zusammenleben" (Lehmkuhl 1997, S. 7).

Es lässt sich zusammenfassen, dass eine Trennung der Eltern für ein Kind vielfältige Auswirkungen haben kann. Die Palette reicht von psychosozialen und psychosomatischen Problemen bis hin zu veränderten Entwicklungsverläufen des Kindes (vgl. Braun 1997, S. 60).

Schneewind(1998) bezieht sich auf eine Metaanalyse von Amato und Keith (1991), die die Ergebnisse von 92 Scheidungsstudien zusammengefasst haben. Kinder aus Scheidungsfamilien können in folgenden Verhaltensbereichen Auffälligkeiten zeigen: externalisierte (Aggression, Delinquenz) und internalisierte Verhaltensauffälligkeiten (Ängste, Depressionen, psychosomatische Störungen), Schul- und Leistungsprobleme, problematisches Sozialverhalten, Beeinträchtigung des psychischen und physischen Wohlbefindens, erhöhtes Ehescheidungsrisiko (vgl. Schneewind 1999, S. 147).

Braun unterscheidet zwischen einer „Erlebnisreaktion" des Kindes, die die bewusste Wahrnehmung und das direkte Erleben der Scheidung betrifft und einer unbewussten „seelischen Traumatisierung" (1997, S. 61f).

Die Ungewissheit über die Veränderungen, die dem Kind nach der Trennung seiner Eltern bevorstehen, ist oft beängstigend und versetzt das Kind in einen für ihn bedrohlichen Zustand, jedoch erlebt es diese Veränderungen bewusst und kann sie verarbeiten. „Die seelische Struktur des Kindes ist in dieser Situation in ihrer Funktionsfähigkeit zwar belastet, aber nicht zusammengebrochen und auch nicht verändert," beschreibt Braun die Erlebnisreaktion (1997, S. 62). Das Kind kann zumindest bei einem Elternteil Schutz finden und hat damit die Möglichkeit den Blick auf eine positive Zukunft zu richten.

Eine seelische Traumatisierung entsteht, „wenn das Kind die Scheidung der Eltern als ein sich selbst existenziell zerstörendes Ereignis erlebt, dem es ohnmächtig und hilflos ohne Schutz ausgesetzt ist" (Braun 1997, S. 62). Dieser Zustand überkommt das Kind nur, wenn es eine seiner wichtigsten Bezugspersonen tatsächlich endgültig verliert. Dadurch verliert das Kind jegliche Stabilität im Leben. Es ist wichtig zu unterscheiden, ob dieser Zustand tatsächlich eingetreten ist oder ob das Kind die Trennung der Eltern so erlebt. Nur wenn das Kind diesen endgültigen, unwiederbringlichen Verlust spürt, kommt es zu einer Traumatisierung, unabhängig davon, ob der Verlust wirklich stattgefunden hat oder nicht. Das Kind regrediert in diesem Zustand. Zusammenfassend lässt sich sagen, dass das Kind auf frühere Strategien zurückgreift (es ändert sein psychisches Alter), aber ohne fremde Hilfe aus diesem Zustand nicht mehr herausfindet. Einfluss auf diese Veränderung des psychischen Zustandes des Kindes haben schon die Konflikte vor der Trennung, die Entwicklung des Kindes und das Verhalten der Eltern im Umgang mit dem Kind während der ganzen Krise (vgl. Braun 1997, S. 62f).

## 4.3 Folgen der Trennung

Regressive Phänomene sind, zumindest zeitweise, bei allen Scheidungskindern zu beobachten und es kann zu einer „relativen Störung psychischer Funktionen" kommen (Braun 1997, S. 64).

Spezifische Ängste treten oft erst nach einer Latenzzeit von einigen Jahren auf. Dies wurde beispielsweise im Zusammenhang mit der Eheschließung von erwachsenen Scheidungskindern beobachtet (vgl. Wallerstein/Blakeslee 1989, S. 32).

Schneewind beschreibt Triangulationseffekte bei Eltern-Kind-Beziehungen, wenn auch nach der Trennung der Eltern Konflikte und Feindseligkeiten zwischen den Eltern ausgetragen werden und die Eltern nicht miteinander kooperieren. „Bei einem zunehmenden Zerfall der Elternallianz [wird] die Mutter-Kind-Beziehung enger .., während sich die Vater-Kind-Beziehung verschlechtert" (1999, S. 138). Die Vater-Kind-Beziehung wird distanziert und entfremdet. Schneewind verweist u.a. auf Buchanan, Maccoby und Dornbusch (1991).

Staub und Felder merken aber an, „dass die Auffälligkeiten bei den meisten Kindern und Jugendlichen nach ein bis zwei Jahren nach der Scheidung allmählich abklingen" (2004, S. 43).

**Auswirkungen auf die Eltern**

Eine Trennung bzw. Scheidung fordert von den Eltern hohe Anpassungsleistungen, für die mitunter die entsprechenden Ressourcen fehlen. Daher kann eine Trennung auch für Erwachsene zu einem Erlebnis werden, das viel Kraft kostet.

Die Phase der Trennung kann für einen Erwachsenen als Kontrollverlust erlebt werden. Es können Angstzustände und depressive Verstimmungen auftreten (vgl. Sander 2002, S. 272, 274). Desweiteren können Schuldgefühle, Zweifel und Hass den Trennungsprozess begleiten. Bei solch einer „erhöhten Stresssituation kommt es zu einer Überproduktion der corticoiden Hormone, was wiederum zu einer Hemmung der Abwehrmechanismen bei Infektionen und Krankheiten führt" (vgl. Frederick 1971, zit. nach Sander 2002, S. 273). Das wiederum führt zu einer erhöhten Infektanfälligkeit.

Sander verweist allerdings auch darauf, dass die Entwicklungsverläufe von Erwachsenen nach der Scheidung interindividuell sehr unterschiedlich sein können. Studien zum Wohlbefinden von Alleinerziehenden beispielsweise bringen sehr unterschiedliche Resultate (vgl. Überblick bei Sander 2002, S. 274).

Alleinerziehende Mütter (und Väter) sind besonders belastet, da sie nach der Trennung meist mit einem verringerten sozialen und ökonomischen Status zurecht kommen müssen. Dieser Umstand erschwert die Bewältigung der neuen Anforderungen zusätzlich. Lehmkuhl gibt zu bedenken, dass sich außerdem die Interaktionen und Beziehungen zwischen den Familienmitgliedern und mit anderen Erwachsenen verändern. Er spricht in diesem Zusammenhang von einer „Destabilisierung des sozialen Netzes" (1997, S. 9). Dies alles hat meist Folgen für die psychische Gesundheit des Alleinerziehenden. Frauen sind zudem anfälliger für depressive Verstimmungen als Männer. Solche Affektstörungen „stehen in einem Zusammenhang mit finanziellen Schwierigkeiten, sozialer Isolierung und einer Überforderung in Erziehungsfragen" (vgl. Pearlin, Johnson 1977, zit. nach Lehmkuhl 1997, S. 9).

Zusammenfassend beschreibt Weiss (1976), dass die psychologischen Folgen für einen Erwachsenen ähnlich sein können, wie sie bei einem Trennungskind auftreten (vgl. Lehmkuhl 1997, S. 9).

## 4.4 Bewältigung der Trennung

Wallerstein (1983) beschrieb, in Anlehnung an Eriksons Krisentheorie (1950), eine Taxonomie von Aufgabenschwerpunkten zur Bewältigung der elterlichen Scheidung. Huss und Lehmkuhl weisen darauf hin, dass dieser Ansatz „unter empirischen Gesichtspunkten kritisiert worden" war, aber für die „Entwicklung von Interventionsprogrammen einen maßgeblichen konzeptionellen Einfluß" hatte (1997, S. 53).

Die erste Phase beginnt mit der Scheidung der Eltern und endet ca. ein Jahr danach. Das Kind muss primär zwei Aufgaben bewältigen: Zum Einen muss es die elterliche Trennung anerkennen (Task I) und zum Anderen muss das Kind den nötigen Abstand von den Elternkonflikten gewinnen (Task II). Danach beschäftigt sich das Kind mit der Bewältigung des Verlusterlebnisses (Task III) und mit der Verarbeitung der eigenen Gefühle (Wut, Schuldgefühle) (Task IV). Das Kind erkennt die Endgültigkeit der Trennung seiner Eltern an (Task V) und lernt seine eigene Beziehungsfähigkeit optimistisch einzuschätzen (Task VI) (vgl. Huss, Lehmkuhl 1997, S. 53f). Die Autoren verweisen auf ein Beispiel für die Umsetzung dieser Aufgabenschwerpunkte bei Kessler und Bostwick (1977).

Wenn die Eltern sich trennen, muss das Kind verschiedene Veränderungen hinnehmen (vgl. Staub, Felder 2004, S. 37). Ein Elternteil wird den Haushalt verlassen und ist für das Kind nicht im gleichen Ausmaß verfügbar, wie vor der Trennung. „Es verliert seine konstante, personale und oft auch lokale Lebensumwelt" (Staub, Felder 2004, S. 37). Durch Befragungen von Behörden kann das Kind unter schweren Entscheidungsdruck geraten. Außerdem kann das betroffene Kind unter lang andauernden Loyalitätskonflikten leiden. „Das Kind kann in der Entwicklung seines Selbstwertgefühls geschädigt werden, wenn die streitenden Eltern durch dauernde Abwertungshaltungen die Repräsentation des anderen Elternteils im Kind zerstören" (Staub, Felder 2004, S. 37). In der Trennungs- und in der Nachtrennungsphase neigen Kinder und Eltern verstärkt dazu ihre eigenen Gefühle und auch die Gefühle anderer zu unterdrücken. Zur Angstbewältigung wird Kontrolle und Macht übereinander ausgeübt (vgl. Braun 1997, S. 64).

Grundsätzlich wird ein Kind, je mehr Veränderungen es bewältigen muss, eher Probleme haben, sich an die neue Situation anzupassen und eher überfordert sein.

Schneewind formuliert in Anlehnung an Carter und McGoldrick (1988) Entwicklungsaufgaben für Alleinerziehende und Alleinlebende (Elternteil bei dem das Kind nicht lebt) in der Nachscheidungsphase. Alleinerziehende hätten folgende „Veränderungen im Fami-

## 4.4 Bewältigung der Trennung

lienstatus" zu bewältigen:
„a) Einrichten flexibler Besuchsregelungen mit dem Expartner,
b) Umgestalten des eigenen Netzwerkes an Sozialbeziehungen."
Alleinlebende Eltern müssen folgendes bewältigen:
„a) Ausfindigmachen von Wegen, um eine effektive elterliche Beziehung zu den Kindern aufrechtzuerhalten,
b) Umgestalten des eigenen Netzwerkes an Sozialbeziehungen" (1999, S. 99).

Außerdem müssen strukturelle (Wohnungs- und evtl. Schulwechsel), finanzielle (Unterhaltszahlungen, geringeres Einkommen) und emotionale Veränderungen (Verantwortung des Alleinerziehenden Elternteils, Schuldgefühle etc.) durchlebt und verarbeitet werden.

Hetherington und Kelly formulieren verschiedene Anpassungsmuster nach der Scheidung. Die Daten gewannen sie aus der Erhebung sechs Jahre nach der Scheidung der Eltern. Kinder (im Altern von 10 Jahren), die verschiedene Schutzfaktoren für ihre Entwicklung hatten, konnten zu einer der zwei gut angepassten Gruppen zugeordnet werden: *kompetent-opportunistisch* und *kompetent-verantwortungsbewusst*. Eine weitere Gruppe, *kompetent-belastet*, zeigte (im Alter von 15 Jahren) eine gute Anpassung an die Situation, jedoch auch ein vermindertes Selbstwertgefühl. Fast alle Kinder dieser drei Gruppen erhielten von mindestens einem engagierten Erwachsenen Unterstützung. Die *genügsam* klassifizierten Kinder gehörten dem Durchschnitt an, was die Bewältigung von schwierigen Situationen betrifft. Die *aggressiv-unsichere* Gruppe wurde noch einmal geteilt. Eine Hälfte der Adoleszenten zeigte asoziales Verhalten, die andere Hälfte Depressionen und Angstzustände (vgl. Hetherington, Kelly 2003, S. 205).

Auch das Bundesministerium für Familie, Senioren, Frauen und Jugend (2006) beschreibt die Trennung der Eltern. Eine Scheidung sei als Transition zu verstehen, also als ein Übergang, der „im entwicklungspsychologischen Sinn, auf den verschiedenen, im Folgenden genannten Ebenen verarbeitet und bewältigt wurde. ... Für die Beteiligten [ergeben sich] erforderliche Anpassungsleistungen, die als Entwicklungsaufgaben definiert werden. Diese betreffen die individuelle, die interaktionale und die kontextuelle Ebene" (BMFSFJ 2006, S. 117). Zudem werden hierbei Struktur- und Prozessmerkmale der transitorischen Phase unterschieden. Strukturelle Prozesse beschreiben die Zusammenhänge zwischen den einzelnen Beteiligten im Familiensystem. Prozessuale Prozesse beschreiben die Dynamik bzw. Mechanismen, die im Scheidungsgeschehen wirken (vgl. BMFSFJ 2006, S. 117).

Auf individueller Ebene müssen folgende Leistungen erbracht werden: „qualitative Veränderungen der Selbst- und Umweltwahrnehmung .., ein emotionales Ungleichgewicht [muss ausbalanciert werden], ... [Anpassung des Verhaltens an die neue Situation], Restrukturierung des Selbstwertgefühls, der Selbstwahrnehmung und der Identität ... [und eine Anpassung von] philosophischen Grundannahmen" (BMFSFJ 2006, S. 117).

Zu den interaktionalen Entwicklungsaufgaben gehören Verhaltensänderungen, „Reorganisation von Rollen, die Restrukturierung personaler Kompetenzen und die Reorganisation von Beziehungen" (BMFSFJ 2006, S. 117).

Die kontextuelle Ebene beschreibt Veränderungen wie Umzug, neue Berufstätigkeit bzw. Arbeitsplatzwechsel, ein veränderter finanzieller Lebensstandard und Schulwechsel. Kinder haben nun in der Regel ein binukleares Familiensystem, mit dem sie sich arrangieren müssen (vgl. BMFSFJ 2006, S. 118).

Prozesse im Sinne dieses Transitionsmodells (vgl. auch Cowan 1991) können asynchron verlaufen, es können zeitweise Ungleichgewichte entstehen, die wieder neue Anpassungsleistungen erfordern. Dieses Modell beschreibt höchst veränderliche Prozesse, die nicht nach einem bestimmten Schema ablaufen. Daher eröffnet es „neue Möglichkeiten für Forschung und Intervention" (vgl. BMFSFJ 2006, S. 118).

## 4.5 Familienformen nach der Trennung

Das Bundesministerium für Familie, Senioren, Frauen und Jugend gibt mit dem Siebten Familienbericht einen Überblick über die Situation von Familien die sich trennen bzw. scheiden lassen und einen Überblick über die Scheidungsforschung. Laut BMFSFJ ist davon auszugehen, dass jedes fünfte Kind in den alten und jedes dritte in den neuen Bundesländern mindestens einmal in seinem Leben eine Trennung der leiblichen Eltern erleiden muss (vgl. 2006, S. 116).

Wenn die Eltern eines Kindes sich trennen, dann lebt das Kind danach meistens bei der Mutter. In manchen Fällen auch bei dem Vater. Abgesehen von solchen Ein-Eltern-Familien besteht für das Kind manchmal die Möglichkeit bei beiden Elternteilen zu leben, z.B. von Montag bis Donnerstag bei der Mutter und dann von Freitag bis Sonntag beim Vater (ein Beispiel beschreibt Sander 2002, S. 285).

Das Kind hat in der Regel Umgangskontakte zu dem außerhalb lebenden Elternteil, die im Umfang, je nach Kontext der Familie, variieren können. Wie solche *Wochenendeltern* den Umgang mit ihrem Kind bestreiten, ist ausführlich bei Hetherington und Kelly (2003, S. 164 - 169) beschrieben. Die Autorinnen unterscheiden drei Typen: die erste Gruppe besteht aus Elternteilen, die sich nach der Trennung nicht anders verhalten als vorher, ihre Elternrolle verändert sich nicht besonders. Die zweite Gruppe wird von den Autorinnen *scheidungsaktiviert* genannt. Diese Eltern engagieren sich nach der Trennung mehr als vorher. Die dritte Gruppe, die der *scheidungsdeaktivierten* Eltern, verhält sich genau entgegengesetzt. Sie ziehen sich aus ihrer Elternrolle zurück und haben wenig oder gar keinen Kontakt mehr zu dem eigenen Kind (vgl. Hetherington, Kelly 2003, S. 166f).

Die Autorinnen konnten in ihrer Studie feststellen, dass sich meist am Ende des zweiten Jahres nach der Scheidung ein geregelter Umgang zwischen Väter und ihren Kindern eingependelt hat.

# 5 Auswirkungen der Trennung für die Bindung

„Für Kinder bedeutet die Trennung der Eltern in erster Linie der Verlust einer geliebten Bezugsperson .. und die Gefährdung von Sicherheit und Geborgenheit."
(König 2002, S. 57)

Die Trennung der Eltern stellt für ein Kind eine kritische Phase dar. Aus bindungstheoretischer Sicht muss vor allem „der Verlust oder zumindest die räumliche Trennung von einem Elternteil [und] die Verunsicherung und Enttäuschung über die Auflösung der intakten Familie" bewältigt werden (Gloger-Tippelt 2002, S. 133).

Eine Trennung ist ein destabilisierendes Ereignis, das einerseits das Bindungssystem des Kindes aktiviert, aber andererseits die Zugänglichkeit der Bindungspersonen einschränkt. Dieses Ereignis bzw. diese Phase muss nicht zwingend langfristige Folgen haben (vgl. Grossmann, Grossmann 2004, S. 292). Wie sich Bindungsverhalten durch eine Trennung der Eltern ändert und welche Folgen das für die Entwicklung des Kindes haben kann, soll dieses Kapitel zeigen.

Leider gibt es nur sehr wenige Studien, die sich mit Bindung in Bezug auf Trennung und Scheidung auseinandersetzen. Nach eigenen Recherchen haben bisher Solomon und George (1999), Page und Bretherton (2001) und König (2002) Studien durchgeführt, die Trennungskinder bindungsspezifisch untersucht haben. Verschiedene Studien erfassten auch Trennungskinder und stellten die Ergebnisse dieser Gruppe gesondert dar (z.B. Zimmermann, Becker-Stoll et al. 2000, Becker-Stoll 1997). Desweiteren lassen sich Ergebnisse anderer Studien auf die Situation von Trennungskindern übertragen. Die Bindungsforschung kann einen wesentlichen Teil dazu beitragen, Bedingungen und Folgen zu klären und zu begründen, damit Therapeuten, Beratungsstellen und Jungendämter präventiv oder im akuten Fall handelnd tätig werden können.

In diesem Teil bezieht sich die Argumentation auf die 'klassischen' Verhältnisse nach einer Trennung der Eltern: das Kind lebt mit der Mutter zusammen; der Vater lebt allein. Das Kind hat eine Bindung zu beiden Elternteilen. Wie sich die Beziehung und der Umgang der Beteiligten gestalten, wird im weiteren Verlauf differenziert.

Der umgekehrte Fall ist aber auch möglich. Die Zahl der alleinerziehenden Väter ist im Verhältnis zu der Zahl alleinerziehender Mütter eher gering (353.000 alleinerziehende Väter zu 2.303.000 alleinerziehenden Müttern im Jahr 2006), aber doch nennenswert (vgl. Statistisches Bundesamt 2008, S. 62). Die Situation alleinerziehender Väter ist eine andere, als die der Mütter (vgl. z.B. Eickhorst et al. 2003).

Grundsätzlich muss vorher festgehalten werden, dass vor, während und nach dem Trennungsprozess vor allem die Qualität der Beziehungen in der Familie bedeutsam für den weiteren Entwicklungsverlauf der Familie als Ganzes und seiner Mitglieder als individuelle Persönlichkeiten ist. „Dementsprechend sind auch die Entwicklungschancen von Kindern aus Einelternfamilien nicht von der Familienform abhängig, sondern von der Beziehungsqualität und dem Funktionsniveau der sich neu gestalteten Familie" (vgl. Graham, Turk, Verhulst 1999, zit. nach König 2002, S. 54). Durch eine Trennung verändern sich die interindividuellen Beziehungen im Familiensystem und damit, im engeren Sinn auch die Mutter-Kind bzw. die Vater-Kind-Bindung.

Mutter und Vater sind meist die wichtigsten Bindungspersonen für das Kind. Die Bindungsforschung hat gezeigt, dass beide ihren spezifischen Beitrag zur emotionalen und kognitiven Entwicklung des Kindes beitragen. Im Zusammenspiel bieten Mutter und Vater für das Kind Sicherheit. Die Eltern stellen für das Kind die sichere Basis dar (vgl. Scheuerer-Englisch 2001, S. 324).

Ausschlaggebend für die Qualität der Bindung zwischen dem Kind und seiner Bindungsperson ist das Ausmaß der kindlichen Sicherheit. Dieses hängt „wesentlich von der Qualität der Paarbeziehung der Eltern und deren Kontexten ab" (vgl. Belsky 1999, zit. nach Scheuerer-Englisch 2001, S. 325). Als wesentliche Faktoren sind hier noch einmal die Kommunikationsfähigkeit, die Fähigkeit gemeinsam Probleme zu lösen und das Wahrnehmen der gemeinsamen Erziehungsverantwortung zu nennen. Außerdem nennt Scheuerer-Englisch die Fähigkeit der Eltern, dem Kind in schwierigen Situationen beizustehen, das heißt, dass das Kind die Eltern auch in belastenden Situationen als sichere Basis nutzen kann. Sind die Konflikte der Eltern zu groß, ist es wahrscheinlich, dass das Kind seine Eltern gemeinsam nicht mehr als sichere Basis nutzen kann. Das Kind kann vom Verhalten seiner Eltern, wenn sie zusammentreffen, geängstigt sein und „Muster entwickel[n], die [die] Konflikte der Eltern .. minimieren," um damit gleichzeitig seine Sicherheit zu erhöhen (Scheuerer-Englisch 2001, S. 325). Inwieweit dieses Verhalten Auswirkungen auf die Bindung zwischen Kind und seinen Bindungspersonen hat, wäre zu untersuchen.

König fasst die Ergebnisse verschiedener Studien zusammen und postuliert „das emotionale Klima und das Konfliktpotential zwischen den Eltern als besten Prädiktor für die psychische Belastung von Kindern aus Trennungs- bzw. Scheidungsfamilien" (2002, S. 60). Das Trennungsereignis als solches ist zwar ein Risikofaktor, aber letztendlich ist die Qualität interfamiliärer Beziehungen „von herausragender Bedeutung für die Entwicklung der betroffenen Kinder" (König 2002, S. 60). Diese Qualität wirkt sich natürlich auf die Bindungen aus und verändert sie unter bestimmten Bedingungen.

## 5.1 Trennung unter bindungstheoretischen Gesichtspunkten

Die Trennung oder auch die drohende Trennung von einem geliebten Menschen löst Kummer und Angst bzw. Furcht aus (vgl. Bowlby 2006b, S. 84).

Grossmann und Grossmann beziehen sich auf Bowlby, der vermutet, „daß die Trennung eines kleinen Kindes von seiner Bindungsperson deshalb so schädlich für die Entwicklung seiner Persönlichkeit sein kann, weil durch die Trennung ein sehr intensives liebevolles Verlangen und gleichzeitig ein intensiver Ärger über das Nichtreagieren der Bindungsperson geweckt werden. Diesen Konflikt zwischen einer intensiven Sehnsucht gekoppelt mit intensivem Ärger kann ein Kleinkind nicht allein bewältigen oder regulieren, so daß es verzweifelt. Es braucht zur Bewältigung die Hilfe einer externen Regulierung der Bindungsperson, die jedoch bei Trennung gerade nicht verfügbar ist. So kann es bei abrupter Trennung zu überwältigenden Gefühlen kommen, denen das Kleinkind hilflos ausgeliefert ist und die in ihm ein Gefühl der Machtlosigkeit entstehen lassen" (Grossmann, Grossmann 2004, S. 248). Bowlby bezieht dieses auf die Trennung von beiden Elternteilen, wenn das Kind in eine Fremdbetreuung übergeht, aber diese Aussage lässt sich durchaus unter trennungsspezifischen Aspekten betrachten.

Die Trennung der Eltern ist gleichzeitig immer die Trennung des Kindes von einem Elternteil. Das Kind wird, wenn es eine Bindung zum Vater hat, ein Verlangen nach seiner Nähe haben, gleichzeitig ist es ärgerlich über die Trennung, an der es nichts ändern kann. Das Kind kann seine Gefühle höchstwahrscheinlich regulieren, wenn die Mutter ihm bei der Bewältigung hilft. Das setzt jedoch voraus, dass die Mutter dazu in der Lage ist. Wie bereits gezeigt, ist aber davon auszugehen, dass sie zumindest kurzfristig auch beeinträchtigt ist. Die Mutter kann dem Kind also nicht angemessen helfen die Situation zu bewältigen und das Kind selbst hat keine adaptive Strategie.

Hopf beschreibt Trennungserfahrungen, die Kinder getrennt lebender Eltern zwangsläufig machen. Von besonderer Bedeutung für die emotionale Entwicklung des Kindes sind Zurückweisungserfahrungen, die bei dem Kind Stress und Angst auslösen und gegenüber der Bezugsperson Feindseligkeit erzeugen. Angst und Wut sind die Emotionen, die bei einem Kind, das mit Trennung konfrontiert ist, besonders auftreten. Das Kind erlebt Situationen, die es nicht einschätzen kann, die es beängstigen (z.B. Elternkonflikte). Gleichzeitig erlebt es den Verlust einer Bindungsperson, die nach der Trennung meist weniger verfügbar ist. Dieser Verlust und die damit verbundene Auflösung der Kernfamilie machen es wütend (vgl. Hopf 2005, S. 43).

Wut hat verschiedene Funktionen. Ist die Trennung vorübergehend, kann Wut „helfen, Hindernisse zu überwinden, die sich einer Wiedervereinigung in den Weg stellen, und zweitens kann sie die geliebte Person daran hindern, erneut fort zu gehen" (Bowlby 2006b, S. 235; vgl. auch Bowlby 1979/1980, S. 70ff). Bei endgültigem Verlust ist Wut ohne

Funktion. Die Wut richtet sich meist gegen die Person, die nach subjektivem Empfinden an der Trennung Schuld ist. Da Wut zum Ziel hat, eine Trennung zu verhindern oder rückgängig zu machen, ist sie „eher dazu angetan, die Bindung zu fördern, statt zu lockern" (Bowlby 2006b, S. 236).

Da aber, wie bereits Kapitel 3 gezeigt hat, das Kind oft Schuldgefühle hat und sich für die Trennung seiner Eltern verantwortlich fühlt, richtet es die Wut dann eher auf sich selbst oder andere Objekte (vgl. Heinicke, Westheimer 1965, nach Hopf 2005, S. 44). Hopf spricht von einem gewissen Wut-Potential, das bleibt, auch wenn das Kind seine Wut unterdrückt. Inwiefern dies Auswirkungen auf die Bindung zu Mutter und Vater hat, wäre empirisch zu untersuchen. Möglich wäre die Entwicklung zu desorganisiert-kontrollierender Bindung. Das Kind könnte, ausgelöst durch die Schuldgefühle, seine Bindungspersonen bemuttern, versuchen etwas wieder gut zu machen, wofür es sich schuldig fühlt.

Wut kann für das Kind und dessen Bindung, beispielsweise zum Vater, dysfunktional sein. Dies geschieht vor allem dann, wenn es sehr intensiv und/oder langanhaltend wütend auf seinen Vater (seine Bindungsperson) ist. In diesem Fall wird die Bindung zwischen Kind und Vater eher geschwächt, sie entfremden sich langsam voneinander. Gerade wenn Trennungen häufiger vorkommen (im Zuge von Umgangskontakten ist das der Fall), hat das „einen doppelten Effekt. Auf der einen Seite wird Wut ausgelöst, auf der anderen Liebe vermindert" (Bowlby 2006b, S. 236). Die wiederkehrenden Trennungen können demnach wütendes Verhalten verstärken, andererseits kann es „auch bei der Ausgangsperson selbst [dem Kind, Anm. M. K.] zu einer Gefühlsveränderung kommen. Anstelle einer stark verwurzelten Zuneigung entsteht ein tief sitzendes Befremden, das von einer ängstlich ungewissen Zuneigung nur teilweise in Schach gehalten wird" (Bowlby 2006b, S. 236). Dies kann durch häufige Verlassensdrohungen noch verstärkt werden, die das Kind zusätzlich noch beängstigen.

Eine weitere wichtige Emotion im Zusammenhang mit Trennung ist die Furcht. Sie zeigt sich beispielsweise durch „wachsames Beobachten mit Aktionshemmung, ein ängstlicher Gesichtsausdruck zusammen mit Zittern oder Weinen, Sich-Ducken, Verstecken, Davonlaufen und Kontakt zu jemand suchen oder Sich-Anklammern an jemand" (Bowlby 2006b, S. 93f). Die letzten beiden Verhaltensweisen sind Bindungsverhalten (vgl. Kap. 1.3 und 1.3.1). Bowlby kategorisiert die „gesteigerte Nähe zu einer anderen Art [einer schutzgebenden Art, Anm. M. K.] von Objekt" als eine Reaktion auf furchtsignalisierendes Verhalten und gleichzeitig als Bindungsverhalten (Bowlby 2006b, S. 95ff). Rückzugs- und Bindungsverhalten haben dieselbe Funktion, nämlich Schutz zu geben. Sie sind jedoch als zwei getrennte Verhaltenssysteme zu betrachten (vgl. Bowlby 2006b, S. 95ff).

Letztendlich ist die Bindungsperson der Hafen der Zuflucht, wenn das Kind Angst hat und Furcht verspürt. Nach Bowlby ist die An- bzw. Abwesenheit der Bindungsfiguren zu einem großen Teil für den Grad der Furcht, zu der eine Person neigt, verantwortlich. Vor allem die Aussicht, dass die Bindungsperson abwesend bzw. nicht anwesend ist, wenn sie gebraucht wird, löst Furcht aus. Bereits Kleinkinder können so vorausschauend

## 5.1 Trennung unter bindungstheoretischen Gesichtspunkten

denken, dass sie Situationen erkennen, in denen die Mutter nicht verfügbar ist, z.B. bei den Umgangskontakten mit dem Vater. Inwiefern diese Situation für das Kind beängstigend ist, hängt davon ab, ob der Vater dem Kind die nötige Unterstützung geben kann, wie lange das Kind bei dem Vater sein wird und ob die Mutter das Kind guten Herzens gehen lassen kann. Andernfalls kann das Kind in Loyalitätskonflikte geraten, die einen Wechsel von einer Bindungsperson zur anderen zusätzlich erschweren(vgl. Bowlby 2006b, S. 193).

Solomon und George (1999) untersuchten in ihrer Studie 12 bis 20 Monate alte Säuglinge und ihre getrennten Eltern. Ziel dieser Studie war, Effekte von Übernachtungen beim Vater auf das Bindungsverhalten des Säuglings aufzudecken. Die folgende Tabelle (Tab. 5.1) zeigt die Verteilung der Bindungsklassifikation des Kindes zu der Mutter und zum Vater bei Übernachtungsarrangements im Vergleich zu Kindern, die nicht beim Vater übernachten und im Vergleich zu Kindern, deren Eltern nicht getrennt sind.

| Bindungsklassifikation | B | A | C | D |
|---|---|---|---|---|
| mit Übernachtung | | | | |
| - Mutter | 16 % | 14 % | 5 % | 66 % |
| - Vater | 36 % | 0 % | 5 % | 59 % |
| ohne Übernachtung | | | | |
| - Mutter | 31 % | 27 % | 0 % | 43 % |
| - Vater | 29 % | 12 % | 0 % | 59 % |
| nicht getrennte Eltern | | | | |
| - Mutter | 37% | 25 % | 4 % | 35 % |
| - Vater | 36 % | 30 % | 5 % | 30 % |

**Tabelle 5.1:** Verteilung der Bindungsklassifikation bei Übernachtungsarrangements im Vergleich zu einer Gruppe ohne Übernachtungsarrangement und einer Gruppe in der die Eltern nicht getrennt sind; Tab. adaptiert nach: Solomon, George 1999, S. 15, 19

Grundsätzlich fällt auf, dass Kinder, die bei ihrem Vater übernachteten, seltener sicher an die Mutter gebunden waren. Eine genaue Betrachtung dieser Werte zeigt auch, dass eine auffallend hohe Zahl dieser Kinder an ihre Mutter desorganisiert gebunden waren (66 %). Die Desorganisation in der Bindung korrelierte mit elterlichen Konflikten, geringer Kommunikation und mit geringer mütterlicher Unterstützung (vgl. Solomon, George 1999 , S. 2). Die desorganisierte Bindung zur Mutter ist aber nicht notwendigerweise mit der Übernachtung des Kindes beim Vater verbunden, da manche Säuglinge trotzdem sicher an sie gebunden waren (vgl. Solomon, George 1999, S. 25).

Weiterhin ist die äußerst geringe Zahl unsicher-ambivalent gebundener Säuglinge auffallend. Da sich die Werte zur Vergleichsgruppe aber nicht signifikant unterscheiden, gehen

Solomon und George nicht näher darauf ein. Die meisten vermeidend gebundenen Säuglinge sind in der Gruppe der getrennten Eltern ohne Übernachtungsarrangement zu finden. Bemerkenswert ist, dass nicht ein Säugling unsicher-vermeidend an seinen Vater gebunden war, wenn es dort übernachtete. Die höchsten Werte für sichere Bindung (36 %) und desorganisierte Bindung (59 %) an den Vater erhielten die Kinder, die regelmäßig bei ihrem Vater übernachteten. Im Gegensatz zu der Bindung zur Mutter waren die Kinder dieser Gruppe eher an den Vater sicher gebunden und auch bei der Desorganisation der Bindung erhielten die Kind-Mutter-Bindungen höhere Werte als die der Kind-Vater-Bindungen.

Solomon und George stellten folgende Risiko- und Schutzfaktoren für die kindliche Bindung fest. Elterliche Konflikte bedeuten ein erhöhtes Risiko, dass das Kind eine desorganisierte Bindung entwickeln wird. Eine Mutter, die sich selbst als beschützend beschreibt, dem Kind also wirksam und aktiv bei der Bewältigung hilft und ihm eine Unterstützung ist, stellt einen Schutzfaktor dar. Kinder, deren Mütter sich selbst so einschätzten, hatten in der Regel eine sichere Bindung zu ihr. Im umgekehrten Fall kann dies zu einem Risikofaktor werden. Das Bindungsverhaltenssystem des Säuglings ist vor allem vor und nach Umgangskontakten mit Übernachtung beim Vater aktiv. Vernachlässigt die Mutter die Bedürfnisse des Kindes, wird schnell wütend und wirkt für das Kind bedrohlich, wird das Kind eine unsichere oder desorganisierte Bindung zur Mutter aufbauen. Gute Kommunikationsstrukturen zwischen den Eltern, was Belange angeht, die das Kind betreffen, sind ebenfalls ein Schutzfaktor (vgl. Solomon, George 1999, S. 25f).

Für die Kind-Vater-Bindung ist die Übernachtung beim Vater ein Gewinn. Es gibt bei der desorganisierten Bindung keinen Unterschied zwischen einem Übernachtungsarrangement und Umgangskontakten ohne Übernachtung. Hingegen ist die Zahl der sicheren Bindungen zum Vater bei Übernachtungen wesentlich höher (36 %). Grundsätzlich geht aber die Trennung der Eltern mit einem höheren Risiko, eine desorganisierte Bindung zu Mutter und Vater zu entwickeln, einher. Solomon und George führen die Desorganisation auf die regelmäßigen Trennungssituationen zurück (vgl. 1999, S. 27).

### 5.1.1 Angstbindung

Kinder, die eine Trennung der Eltern erlebt haben, haben meist das Gefühl, dass auch sie verlassen wurden. Dieses Gefühl, verbunden mit der tatsächlichen Abwesenheit des Vaters, kann bei dem Kind zu Trennungsangst führen.

Bowlby beschreibt in *Trennung* (2006b) ein Beispiel. Mutter und Kind wurden drei Monate vor dem Interview, das mit der Mutter geführt wurde, vom Vater verlassen. Die Mutter beschreibt das Verhalten des Mädchens. Es lässt die Mutter seit der Trennung nicht mehr aus den Augen, geht mit ihr überall hin und erträgt eine Trennung, sei es nur kurzfristig, nicht. Es war nicht möglich das Kind im Kindergarten zu lassen, da es dort nur geweint hat.

## 5.1 Trennung unter bindungstheoretischen Gesichtspunkten

Die Mutter glaubt, „sie denkt, weil ihr Vater nicht wiedergekommen ist, komme ich irgendwann auch nicht wieder, um sie aus dem Kindergarten zu holen. ... Sie hat einfach Angst, man würde sie verlassen" (Bowlby 2006b, S. 205).

Bowlby beschreibt außerdem die Folgen von Drohungen auf das Furchtverhalten des Kindes (vgl. ebd., S. 191, 205). Demnach kann eine angedrohte Trennung von den Eltern bei dem Kind zu gesteigerter Trennungsangst führen (vgl. ebd., S. 191). Die Androhung von Verlassen spielt bei der Angstbindung eine große Rolle, denn diese Drohung fördert sie in sehr hohem Maß (vgl. ebd., S. 217). Droht eine Mutter dem Kind, wenn sie keine andere erzieherische Maßnahme sieht, dass sie es weggibt, wenn es nicht das tut, was sie will, dann reagiert das Kind darauf mit zunehmender Angst vor einer tatsächlichen Trennung von der Mutter. Gleichzeitig verspürt es Wut, kann diese aber nicht ausdrücken, weil dies dazu führen könnte, dass die Mutter ihre Drohung wahr macht. Diese Art von Drohung beschreibt auch Bowlby (vgl. ebd., S. 191). Das Kind lenkt seine Wut dann auf andere Objekte/Personen um oder unterdrückt sie (vgl. Stott 1950, nach Bowlby 2006b, S. 237).

In diesem Fall ist die Aussage der Mutter eine Quelle der Angst. Wie bereits beschrieben ist die Ursache einer desorganisierten Bindung oft angstauslösendes Verhalten der Bindungsperson. In diesem Beispiel ist das der Fall. Der logische Schluss wäre demnach, dass ein Kind, dem mit Trennung gedroht wird, mit relativer Wahrscheinlichkeit eine Bindungsdesorganisation entwickeln wird. Das Risiko, dass dies geschieht, besteht vor allem bei Kleinkindern, da ihre Bindungsorganisation noch nicht stabil gegenüber Veränderungen ist.

Bowlby schlägt vor, nicht von Trennungsangst zu sprechen, sondern von Angstbindung, da dieser Begriff verdeutlicht, „dass der Kern des Zustands die Befürchtung ist, dass Bindungsfiguren unzugänglich und/oder verständnislos sind. ... Er respektiert den natürlichen Wunsch einer Person nach enger Beziehung zu einer Bindungsfigur und anerkennt die Tatsache, dass sie sich vor einer Beendigung der Beziehung fürchtet" (2006b, S. 204).

Ausführlichere Darstellungen von Angstbindung, Trennung von der Mutter, Furcht und Wut und deren Wechselwirkungen im Allgemeinen sind bei Bowlby (2006b) nachzulesen. Für die Betrachtung von Bindungsverhalten des Kindes bei Trennung der Eltern sind diese Ausführungen hinreichend.

### 5.1.2 Beeinträchtigung der Verhaltenssysteme

In Kapitel 2.3 sind die Verhaltenssysteme von Bindung und Exploration näher erläutert. Das Bindungsverhaltenssystem ist vor allem in Situationen emotionaler Belastung aktiv. Die Trennung der Eltern ist an sich schon sehr belastend für ein Kind, so dass Bindungsverhalten öfter gezeigt wird. Erlebt das Kind vor der Trennung eine sehr konfliktreiche Beziehung der Eltern, ist es zusätzlich belastet. Die dauerhafte Aktivierung des Bindungssystems kann zudem noch physische Auswirkungen auf das Kind haben (vgl. Kap. 4.1.1).

Bei einer ständigen Aktivierung des Bindungsverhaltenssystems kann kein Explorationsverhalten gezeigt werden. Ein Kind, das nicht exploriert, kann seine Umgebung nicht erkunden, d.h. ihm fehlen wichtige Erfahrungen, die es in seiner Entwicklung machen müsste. Das können auch Erfahrungen im sozialen Lernen sein. Bei häufiger Aktivierung des Bindungsverhaltenssystems ist soziales Lernen eingeschränkt, sodass das Kind in diesem Bereich Defizite entwickeln wird (vgl. Hopf 2005).

Das Bindungsverhaltenssystem ist außerdem wahrscheinlich vor und nach den Umgangskontakten aktiv. Eben in der Situation, in der das Kind von einem Elternteil zum anderen wechseln muss. Das lässt sich damit begründen, dass das Bindungsverhaltenssystem immer dann aktiv ist, wenn das Kind eine bindungsrelevante Stresssituation erlebt. Der Wechsel von einer Bindungsperson zu der anderen ist immer mit dem Verlassen des einen Elternteils verbunden. Vor allem Kleinkinder spüren in solch einer Situation, dass bspw. die Mutter das Kind eigentlich nicht gehen lassen will, auch wenn sie sich anders verhält. Je größer die Konflikte zwischen Mutter und Vater sind, desto eher werden diese Wechselsituationen für das Kind zur Belastung.

## 5.2 Vaterabwesenheit

„Mütter und Väter haben in vielen Bereichen unterschiedliche Interaktionsstile" heißt es bei Kindler und Grossmann (2004, S. 247). Dass ein Kind unterschiedlich an Mutter und Vater gebunden sein kann, ist u.a. in Kapitel 2.1 beschrieben. Das bedeutet, dass Mutter und Vater für das Kind spezielle Funktionen haben, die der andere Elternteil nicht ohne weiteres ersetzen kann. Die Qualität der Bindung zwischen Kind und Vater ist durch bestimmte Bedingungen determiniert. Im Gegensatz zur Bindung zur Mutter ist nicht die Feinfühligkeit in bindungsrelevanten Situationen ausschlaggebend, sondern die Qualität der Interaktion in explorativen Zusammenhängen, die Spielfeinfühligkeit (vgl. Kap. 2.7 dieser Arbeit).

Die Vaterabwesenheitsforschung befasst sich mit Entwicklungsverläufen von Kindern, die ohne Vater aufwachsen oder zumindest zeitweise keinen Vater verfügbar haben. Dementsprechend ist väterliches Investment für diese Kinder gar nicht oder eingeschränkt vorhanden. Entwicklungsverläufe dieser Kinder werden denen, die mit einem Vater aufwachsen, gegenüber gestellt und die Unterschiede werden untersucht. Aus den Ergebnissen schließt man auf die Bedeutung des väterlichen Investments (vgl. Kindler, Grossman 2004, S. 243).

Die Ergebnisse der Vaterabwesenheitsforschung belegen, dass Kinder, die ohne Vater aufwachsen in ihrer Entwicklung eher beeinträchtigt sind, als Kinder, die ihren Vater zur Verfügung haben. Allerdings ist auch hier zu bedenken, dass „ein Teil der beobachtbaren Effekte nicht kausal auf ein fehlendes väterliches Investment zurückzuführen ist. ... Faktoren wie Elternkonflikte vor einer Abwesenheit des Vaters, Ähnlichkeiten von Vater und Mutter, die zunächst bei der Paarbildung eine positive Rolle spielen .., sich aber nach der

Trennung vom Vater negativ auf das mütterliche Verhalten und damit auf die kindliche Entwicklung auswirken" spielen ebenfalls eine Rolle (vgl. Comings et al. 2002, zit. nach Kindler, Grossmann, 2004, S. 244).

Dornes weist darauf hin, dass die Abwesenheit des Vaters ein schützender Faktor sein kann, wenn dies Konflikte minimiert. Er bezieht sich auf Ergebnisse des Mannheimer Projekts (vgl. Tress 1986). Dornes stuft „längere Vaterabwesenheit in der Frühkindheit (> 6 Monate in den ersten sechs Lebensjahren)" sonst aber auch als Risikofaktor für die psychosoziale Gesundheit des Kindes ein (vgl. 2001, S. 110).

## 5.3 Bindungsqualität im Trennungs- und Nachtrennungsprozess

Wenn sich die familiären Strukturen verändern und auch die Beziehungen zwischen den Familienmitgliedern neu ausgelotet werden müssen, wirken sich diese Veränderungen auch auf die Bindungen zwischen dem Kind und seinen Eltern aus. König betrachtet die Bindungsqualität im Trennungs- und Nachtrennungsprozess unter zwei Aspekten. Zum Einen stellt die Bindung einen wesentlichen Schutz- oder auch Risikofaktor dar, zum Anderen wirkt sich der Prozess der Trennung auf die Bindungsqualität aus (vgl. König 2002, S. 54).

Für ein Kind ist die Trennung seiner Eltern eine erhebliche Belastung, wodurch sein Bindungsverhaltenssystem verstärkt aktiviert ist und es dementsprechend mehr Fürsorge, Schutz und Nähe braucht. Der Verlust bzw. der drohende Verlust einer Bindungsperson ist eine zusätzliche bindungsspezifische Belastung.

Verschiedene Autoren betonen immer wieder, dass letztendlich das Zusammenspiel mehrerer Faktoren ausschlaggebend für einen negativen Entwicklungsverlauf ist (vgl. z.B. Schneewind 1999, Hetherington und Kelly 2003).

### 5.3.1 Bindung als Schutz- bzw. Risikofaktor

In Phasen emotionaler Belastung ist vor allem die Bindungsorganisation des Kindes wichtig. „Bindungsunterschiede werden auf der Ebene der Emotions- und Verhaltensregulierung wirksam und manifestieren sich im Vorschulalter in spezifischen Strategien mit Belastungen umzugehen" (König 2002, S. 61). Gloger-Tippelt (vgl. 2002, S. 134) stellt fest, dass sicher gebundene Kinder die Trennung der Eltern besser verarbeiten können, als unsicher gebundene.

König schildert mögliche Reaktionen von Kindern auf die Trennung ihrer Eltern unter Berücksichtigung der spezifischen Bindungsmuster. Sie gibt dabei zu bedenken, dass vor allem die Wahrnehmung der Situation den weiteren Verlauf der Interaktionen, der Bindung und dessen Folgen bestimmt. Ist die Situation für das Kind bedrohlich und ist seine

Bindungsstrategie, sofern es eine hat, nicht mehr angemessen, gerät es in Stress und ein negativer Entwicklungsverlauf ist anzunehmen (2002, S. 61).

Suess und Zimmermann (2001) merken an, dass eine unsichere oder desorganisierte Bindung nicht mit einer Störung gleichzusetzen sei, sondern dass Bindungsqualitäten allgemein allenfalls Risiko- oder Schutzfaktoren sind. Eine psychopathologische Störung kann sich entwickeln, wenn noch weitere Risikofaktoren über einen längeren Zeitraum hinzukommen. Ursache für eine Psychopathologie ist demnach nicht ein einzelnes Ereignis, sondern meist „ein komplexes Ineinandergreifen unterschiedlichster Ursachenkomplexe" (Suess, Zimmermann 2001, S. 255). Eine Bindungsstörung liegt dann vor, wenn ein Kind beispielsweise entweder kein oder nur undifferenziertes Bindungsverhalten zeigt (vgl. Brisch 2003, S. 61). Man kann noch weitere Typen von Bindungsstörungen klassifizieren, dies soll an dieser Stelle aber nicht geschehen, da dies ein pathologisches Problem ist und einen eigenen Bereich für sich einnimmt.

Vor allem die Unterstützung durch die Mutter ist für das Kind sehr wichtig. Das bezieht sich auf die Interaktionsgeschichte zwischen Kind und Mutter und den Repräsentationen der beiden, sowie auf die aktuelle Situation der Mutter und ihren Zustand. Die entscheidende Frage ist, ob sie in der Lage ist, dem Kind angemessene Fürsorge und Schutz in dieser belastenden Phase zu geben (vgl. Sroufe et al. 1999, nach König 2002, S. 62; vgl. auch Suess, Zimmermann 2001, S. 245). Verändert sich das Fürsorgeverhalten der Mutter, wird sich auch die Bindungsorganisation des Kindes ändern. Weitere wichtige Faktoren sind das Konfliktpotenzial der Eltern, sowie das Ausmaß an Verlustängsten, unter denen das Kind leiden kann (vgl. König 2002, S. 62).

In der Annahme, dass der Vater eine Bindungsperson des Kindes ist, bringt jede Trennung vom Vater ein gewisses Trennungsleid mit sich. Das Kind verspürt Sehnsucht nach dem Vater, der nicht verfügbar ist. Grossmann und Grossmann merken an, dass „eine Trennung von einer sekundären Bindungsperson .. wenig Trennungsleid mit sich [bringt], wenn das Kind bei seiner primären Bindungsperson ist" (2004, S. 69). Diese Aussage ist dann richtig, wenn die primäre Bindungsperson feinfühlig ist und sich dem Kind gegenüber angemessen verhält, ihm Aufmerksamkeit schenkt und seine Gefühle ernst nimmt. Ist die primäre Bindungsperson (Mutter) durch die Trennung vom Partner selbst stark beeinträchtigt, kann sie die Trennung des Kindes vom Vater nicht auffangen und das Kind wird mehr Trennungsleid ertragen müssen. Das wiederum aktiviert das Bindungsverhaltenssystem des Kindes. Wird es wieder nicht entsprechend beachtet, kann es zu einem Kreislauf kommen, in dem das Kind seine Bindungsstrategie ändern muss. Auch hier zeigt sich die große Bedeutung der mütterlichen Unterstützung.

Peter Zimmermann u.a. (2002) untersuchten sechzehnjährige Jugendliche in Bielefeld und stellten „drei bestimmende Einflüsse auf die Qualität der Bindungsrepräsentation der Jugendlichen [fest] .., eine Trennung von einem Elternteil und andere kritische Lebensereignisse, die Bindungsrepräsentation der Mutter und die Eltern-Repräsentation des Kindes im Alter von 10 Jahren" (vgl. Zimmermann, Becker-Stoll et al. 2000, zit. nach

Grossmann, Grossmann 2004, S. 499). Seine Stichprobe bezog sich nicht ausschließlich auf Jugendliche, die eine Trennung der Eltern erlebten.

Auffallend an den Ergebnissen dieser Studie ist die relativ hohe Zahl an unsicher-distanziert-verwickelt klassifizierten Jugendlichen. Sie zeigten in den Interviews viel Ärger und Frustration in Bezug auf ihre Beziehung zu den Eltern und Bindungsthemen, kurz gesagt, sie hatten die Trennung ihrer Eltern noch nicht akzeptiert (vgl. Grossmann, Grossmann 2004, S. 502). Zimmermann, Becker-Stoll et al. (2000) konnten eine hohe Korrelation zwischen einer unsicheren Bindungsrepräsentation der Mutter, gleichzeitig verbunden mit einem kritischen Ereignis (z.B. Trennung der Eltern) und einer unsicheren Repräsentation der Jugendlichen feststellen (87,5 %).

Dieses Ergebnis bestätigt, dass die Unterstützung durch die Mutter ein wesentlicher Faktor ist. Eine Mutter mit sicherer Bindungsrepräsentation kann ihrem Kind besser bei der Bewältigung der Situation helfen, als eine Mutter die selbst ein unsicheres oder desorganisiertes Modell von Bindung hat. Auch Grossmann und Grossmann kommen zu dem Schluss, dass eine „sichere Bindungsrepräsentation der Mutter das verunsichernde Erleben von Trennung ... abzumildern schien" (2004, S. 503).

Becker-Stoll (1997) konnte diese Ergebnisse allerdings nicht bestätigen. Sie versuchte in der Regensburg-I-Längsschnittstudie diese Ergebnisse als Risiko- und Schutzfaktoren zu identifizieren. Weder die Bindungsrepräsentation der Mutter noch die des Vaters konnten als Schutz- oder Risikofaktor bestätigt werden. Becker-Stoll stellte einen anderen, statistisch bedeutsamen Effekt fest: „Jugendliche, deren Bindungsorganisation vom Kleinkindalter zum Jugendalter wechselte, hatten signifikant mehr Risikofaktoren erfahren (durchschnittlich 2,8 Ereignisse) als Jugendliche mit stabiler Bindungsorganisation (durchschnittlich 2,1 Ereignisse)" (vgl. Becker-Stoll 1997, zit. nach Grossmann, Grossmann 2004, S. 503). Die Bindungsorganisation verändert sich wenn die Lebensumstände dies verlangen. Kritische Lebensereignisse, wie eine Trennung der Eltern, erfordern eine Anpassung, die sich auch auf die Ebene der Bindungsrepräsentationen auswirkt.

Ist die Bindungsstrategie des Kindes durch veränderte äußere Bedingungen nicht mehr adaptiv, wird es sie ändern, damit es die neue Situation angemessen bewältigen kann.

### 5.3.1.1 Folgen für Kinder mit organisierten Bindungsmustern

Ein sicher gebundenes Kind kommuniziert seine Gefühle offen, seine Ängste und Sorgen bespricht es mit seiner Mutter und holt sich bei ihr die Nähe und Unterstützung, die es braucht, um die Krise zu bewältigen. Ein unsicher gebundenes Kind, das ja ohnehin schon eine wenig oder gar nicht verfügbare bzw. einfühlsame Mutter hat, ist durch die Trennung zusätzlich belastet, denn seine Mutter ist mit großer Wahrscheinlichkeit noch weniger verfügbar bzw. einfühlsam, als schon vor der Trennung (vgl. König 2002, S. 62).

Einerseits haben sicher gebundene Kinder an sich einen Vorteil gegenüber unsicher gebundenen Kindern, weil sie ihre Gefühle kommunizieren können und eine feinfühligere

Mutter haben. Wenn die Mutter während des Trennungsprozesses dem Kind weiterhin als sichere Basis zur Verfügung stehen kann, ist das ein großer Schutz gegen einen negativen Entwicklungsverlauf. Allerdings kann auch der umgekehrte Fall eintreten, wenn z.b. die Mutter selbst so beeinträchtigt ist, dass sie das Kind nicht mehr in dem Maße unterstützen kann, wie es das braucht. Die Mutter kann durch Depressionen (vgl. z.B. Wolke, Kurstjens 2002), neue Berufstätigkeit oder ähnliches weniger verfügbar sein, ihr Verhalten ändert sich womöglich und die Bindungsstrategie des Kindes ist nicht mehr angepasst. Das birgt das Risiko, dass es seine Bindungsstrategie ändert und eine unsichere Bindung entwickelt, die an sich ein erhöhtes Risiko darstellt. Ebenso möglich ist eine Veränderung hin zu einer desorganisierten Bindung, wenn das Kind keine angemessene Strategie ausbilden kann.

Andererseits beschreibt König aber ein sicher gebundenes Kind als gefährdeter, weil es zum ersten Mal die Erfahrung macht, dass seine Bindungsbedürfnisse nicht erfüllt werden. „Eine sichere Bindung ist dann nicht mehr adaptiv, weil das Kind durch seine gefühlsoffene Strategie ungeschützt mit dem Schmerz konfrontiert wird, der durch die Unzulänglichkeit der Bindungsperson ausgelöst wird (vgl. Radke-Yarrow et al. 1995, zit. nach König 2002, S. 63).

Vermeidend gebundene Kinder haben hingegen genau für diesen Fall eine adaptive Strategie entwickelt. Sie sind besser angepasst, denn sie lassen den Schmerz, den die Trennung erzeugt, nicht so ungeschützt an sich heran, wie sicher gebundene Kinder (vgl. König 2002, S. 63). Ein unsicher-vermeidendes Kind zieht sich wahrscheinlich durch die Trennung seiner Eltern emotional noch mehr zurück, leugnet die Trennung, verdrängt seine Ängste und Verunsicherungen. „Verdrängte Gefühle könnten auch in aggressives Verhalten umgelenkt werden, das aber in der Regel nicht gegen die Bindungsperson, sondern gegen Objekte oder andere Personen gerichtet ist" (König 2002. S. 62).

Main und Strage untersuchten Kinder in videographierten Wiedervereinigungen und stellten bei vermeidend gebundenen Kindern fest, dass „Gespräche innerhalb vermeidender Dyaden *eingeschränkt* waren" (Main 2002, S. 186, kursiv wie im Original, Anm. M. K.). Bezieht man dieses Ergebnis auf eine Trennung der Eltern, die das Kind bewältigen muss, so kann man einen unsicher-vermeidenden Bindungsstil zur Mutter als Risikofaktor einschätzen. Gespräche über die Situation und die elterlichen Konflikte helfen dem Kind, die Situation zu verstehen. Ist die Kommunikation eingeschränkt, wie Main es beschreibt, kann das dem Kind die Bewältigung der Trennung erschweren.

Für das internale Arbeitsmodell des Kindes kann das ebenfalls Folgen haben. Da das Arbeitsmodell handlungsleitend für folgende Beziehungen gilt, kann ein vermeidender Bindungsstil ein Risiko darstellen, spätere Beziehungen nicht angemessen einzugehen. In Anbetracht dessen, dass eine vermeidende Dyade wenig kommuniziert und vor allem Gefühle nicht offen kommuniziert, lernt das Kind eine Form der Kommunikation, die in späteren Beziehungen zu einem erhöhten Trennungsrisiko führt (vgl. Kap. 4.1).

Kaplan (1987) stellte in Untersuchungen mit bildlichen Darstellungen von Trennung fest, dass vermeidend gebundene Kinder zwar beschreiben konnten, wie sich das abgebildete Kind in der Situation fühlt, sie aber keine Strategie beschreiben konnten, wie das Kind die Situation angemessen bewältigen kann (vgl. Main 2002, S. 187). Daraus kann man mit relativer Wahrscheinlichkeit schließen, dass diese Kinder, wenn sie auch in solch einer Situation sind, keine ausreichenden Strategien haben, um die Situation angemessen zu bewältigen. Allerdings ist auch zu berücksichtigen, dass die Kinder, die von Kaplan untersucht wurden, vielleicht nur keine ausreichenden sprachlichen Möglichkeiten hatten, um eine Strategie zu formulieren. An dieser Stelle zeigt sich wieder der enorme Forschungsbedarf.

Werden die Ergebnisse von Main (2002) und Kaplan (1987) unter trennungsrelevanten Gesichtspunkten betrachtet, lässt sich eine unsicher-vermeidende Bindungsstrategie als ein Risikofaktor bezeichnen. Diese Strategie erschwert dem Kind die angemessene Bewältigung der Trennung seiner Eltern.

Das unsicher-ambivalent gebundene Kind kann in regressive Zustände fallen. Es wird durch die veränderte Situation noch abhängiger und ängstlicher. Zudem könnte es mehr aggressives Verhalten zeigen, das es aber, im Unterschied zum vermeidend gebundenen Kind, gegen seine Bindungsperson richtet (vgl. König 2002, S. 62).

### 5.3.1.2 Folgen für Kinder mit desorganisierter Bindung

König meint, dass vor allem desorganisierte Kinder langfristige Folgen zu erwarten haben, „da ihnen besonders in bindungsrelevanten Belastungssituationen keine Strategien zur Verfügung stehen" (2002, S. 62).

Ein desorganisiert-kontrollierendes Kind des fürsorglichen Typs kümmert sich ausgiebig um seine Mutter, die psychisch beeinträchtigt ist. Es bemuttert sie noch stärker als bereits schon vor der Trennung. Das Kind dient der Mutter möglicherweise als Partnerersatz. Kontrollierend-strafendes Verhalten wird sich durch die Konflikte der Eltern eher verstärken (vgl. König 2002, S. 62).

Es wird vermutet, dass Kinder mit einem desorganisierten Bindungsstatus vulnerabler gegenüber dissoziativen Störungen sind, „wenn sie mit späteren Traumata konfrontiert werden" (vgl. Liotti 1999, zit. nach Hesse, Main 2002, S. 235). Eine Langzeitstudie von Carlson (1998) bestätigte diese Vermutung. In seiner Armutsstichprobe sagte eine desorganisierte Bindung zur Mutter im Kleinkindalter dissoziatives Verhalten in der mittleren Kindheit bis zum 17. Lebensjahr voraus. Van Ijzendoorn et al. (1999) konnten bereits feststellen, dass kein Zusammenhang zwischen desorganisierter Bindung und Depression besteht.

Hesse und Main (2002) verweisen auf den Forschungsbedarf in diesem Bereich. Wie desorganisierte Bindung mit anderen spezifischen Störungen zusammenhängt, muss erst noch erforscht werden.

### 5.3.1.3 Bedeutung der Hierarchie der Bindungspersonen

Wie bereits in Kapitel 2.1 beschrieben, hat ein Kind eine Hierarchie von Bindungspersonen. Wenn man annimmt, dass der Vater die primäre Bindungsperson des Kindes ist und die Mutter eine sekundäre, dann kann dies ein weiteres Risiko darstellen. „Je schlechter es dem Kind geht, ... desto mehr will es bei der primären Bindungsperson sein" (Grossmann, Grossmann 2004, S. 68). Ist diese Bindungsperson dann nicht verfügbar, gerät das Kind in Stress und kann seine sekundäre Bindungsperson, die Mutter, womöglich nicht entsprechend als sichere Basis nutzen. Das Kind sucht die Nähe seines Vaters. Hinzu kommt das Gefühl der Hilflosigkeit und des Alleinseins, wenn der Vater nicht zu erreichen ist. Das Kind protestiert gegen die Trennung vom Vater, was wiederum die Interaktion zwischen Mutter und Kind beeinträchtigen kann.

Kann die Mutter nicht einfühlsam und verständnisvoll mit dem Kind umgehen, es autoritativ erziehen und mit ihm über die Situation und seine Gefühle sprechen, da sie selbst stark beeinträchtigt ist (z.B. durch Depressionen), erhöht sich das Entwicklungsrisiko des Kindes noch mehr, außerdem könnte es die Bindung zwischen Kind und Mutter negativ beeinflussen.

Ein Kind hat in der Regel nicht nur zur Mutter und zum Vater eine Bindung, sondern auch zu anderen Personen, mit denen es engen Kontakt hat. Dies können beispielsweise die Großeltern oder Betreuungspersonen in Krippe, Kindergarten und Schule sein. Van Ijzendoorn et al. (1992) haben belegt, dass Kinder „Netzwerke von Bindungsbeziehungen" haben (Hopf 2005, S. 85). Diese sind für ihre Entwicklung und Sozialisation wichtig. Ihre Beobachtungen in israelischen Kibbuzim haben gezeigt, dass „ein erweitertes Netzwerk von Bindungsbeziehungen ... Unsicherheiten in einer oder sogar in zwei der Beziehungen auffangen und so die Integration und die soziale Entwicklung von Kindern stützen" kann (Hopf 2005, S. 85). Wenn das Kind aber nicht eine sichere Bindung zu einer Bezugsperson aufbauen kann, ist es in seiner Entwicklung gefährdet.

Überträgt man die Ergebnisse von van Ijzendoorn et al. (1992) auf die Situation von Kindern getrennt lebender Eltern, kann angenommen werden, dass in ihrer belastenden Situation unterstützende Bindungspersonen außerhalb der Kernfamilie eine Schutzwirkung haben. Die sichere Bindung zu einer weiteren Bezugsperson kann, sicherlich nur in gewissem Maß, die Unsicherheiten in der Kernfamilie auffangen. Grossmann und Grossmann verweisen unter anderem auf Pianta (1992) und Grossmann (2003), die die Bedeutung von Bindungspersonen außerhalb der Kernfamilie untersucht und deren positive Wirkung bestätigt haben.

### 5.3.1.4 Bedeutung des Arbeitsmodells der Mutter

Das internale Arbeitsmodell der Mutter hat Auswirkungen darauf, wie die Mutter die Trennung vom Partner verarbeitet. Daher darf man dessen Bedeutung nicht zu gering einschätzen. König postuliert die Bindung der Mutter im Trennungsprozess als zentral.

## 5.3 Bindungsqualität im Trennungs- und Nachtrennungsprozess

„Sie hat nicht nur Einfluss darauf wie zugänglich und feinfühlig die Mutter für ihr Kind ist, sondern auch darauf wie sie selbst den Trennungsprozess bewältigt" (König 2002, S. 65).

„Personen mit einem sicher-autonomen Arbeitsmodell haben einen guten Zugang zu ihren Gefühlen und können damit auch negative Erfahrungen in eine positive Grundhaltung integrieren und adäquate individuelle oder soziale Strategien zur Bewältigung der Situation ergreifen" (König 2002, S. 65). Eine sicher-autonome Repräsentation auf Seiten der Mutter geht einerseits meist mit einer sicheren Bindung des Kindes einher (vgl. Kap. 2.5.3.5), andererseits wirkt sie als Schutzfaktor auf Seiten der Mutter, die auch in Belastungssituationen dann eher das Kind unterstützen kann (vgl. König 2002, S. 65).

Eine abwertende, verstrickte oder ungelöste Bindungsrepräsentation der Mutter wirkt sich negativ auf das Kind aus. Einerseits korreliert die Bindungsrepräsentation der Mutter mit der Bindungsorganisation des Kindes, was wiederum ein Risikofaktor für das Kind ist. Andererseits fehlen der Mutter adaptive Strategien, um das Kind angemessen zu unterstützen. Ein Kind, dessen Mutter kein sicher-autonomes Modell von Bindung hat, ist also zweifach belastet.

### 5.3.2 Trennung als Schutz- bzw. Risikofaktor

Die Bindung stellt einen gewissen Schutz, aber auch ein gewisses Risiko gegenüber der Trennung dar. Umgekehrt wirkt sich die Trennung der Eltern auf die Bindungsqualität aus. Vor allem in der Nachscheidungsphase, in der sich die Einelternfamilie reorganisieren und wieder stabilisieren muss, sind Mutter und Kind gleichermaßen gefordert, sich an die neue Situation anzupassen. Die Mutter ist in den meisten Fällen viel mit sich selbst und mit der Reorganisation der Rahmenbedingungen (Wohnungswechsel, Berufstätigkeit, vermindertes Einkommen usw.) beschäftigt und ist für das Kind, das gerade in dieser Zeit vermehrt Zuwendung und Schutz braucht (zeigt entsprechend auch mehr Bindungsverhalten), weniger verfügbar als vorher. Konflikte zwischen den Eltern verschärfen die Situation zusätzlich.

Die Trennung der Eltern ist ein angstauslösender Prozess für das Kind. Unter diesen Umständen ist das Bindungsverhaltenssystem häufiger aktiviert, als unter stressfreien Bedingungen. Kann die Mutter nicht angemessen darauf reagieren, hat das negative Folgen für die Bindung. Zudem braucht ein Kind eine sichere Umgebung. Routine und Beständigkeit bieten dem Kind die nötige Sicherheit. Ist die gewohnte Umgebung durch die Trennung der Eltern und den damit verbundenen Folgen (Konflikte, Umzug, geringere Verfügbarkeit der Mutter/des Vater usw.) gestört, fehlt dem Kind diese Sicherheit, es kann nicht frei explorieren und ist in seiner Entwicklung gehemmt.

### 5.3.2.1 Veränderlichkeit internaler Arbeitsmodelle

Internale Arbeitsmodelle haben eine regulative Wirkung auf Bindungsinteraktionen und auf das Erzählen von bindungsrelevanten Situationen (vgl. Bretherton 2002, S. 39). Daher sind sie auch für das Verarbeiten und den Umgang mit der Trennung der Eltern sehr wichtig. Sie regulieren Emotionen und unterstützen auf diese Weise die Bewältigung der Trennung.

Eine Trennung der Eltern kann für das internale Arbeitsmodell des Kindes weitreichende Folgen haben, wenn die Trennung besonders belastend erlebt wird. Das Arbeitsmodell kann unter diesen Umständen nicht mehr adaptiv sein (vgl. Grossmann, Grossmann 2004, S. 495).

Internale Arbeitsmodelle sind über sprachliche Äußerungen zugänglich. Grossmann und Grossmann (2004) berichten von einer Untersuchung von Böhm (vgl. Böhm, Grossmann 2000). Sie hat zehn- bis vierzehnjährige Jungen interviewt. Die Hälfte der Jungen hatte eine Trennung der Eltern innerhalb der letzten zwei Jahre erlebt. Sie stellte fest, dass die Gruppe der Jungen getrennter Eltern „signifikant mehr Verletzungen Gricescher Maximen im Diskurs" aufwies, als die Gruppe nicht geschiedener Eltern (Grossmann, Grossmann 2004, S. 429).

Auch Zimmermann, Becker-Stoll et al. (2000) bestätigten die destabilisierende Wirkung der Trennung auf die Bindungsrepräsentation der Jugendlichen. Psychische Sicherheit mit 10 Jahren sagte nur dann psychische Sicherheit mit 16 Jahren voraus, wenn die Eltern nicht getrennt waren. „Wenn sich die Eltern getrennt hatten, wurde die Bindungsrepräsentation der 16jährigen um so unsicherer beurteilt, je mehr zurückweisende Äußerungen die Mutter über ihr Zehnjähriges gemacht hatte" (Grossmann, Grossmann, 2004, S. 512). Das Ehepaar Grossmann fasst die Ergebnisse der Bielefelder Untersuchung zusammen und sie stellten fest, dass Erfahrungen aus der frühen Kindheit bei Trennungskindern geringe Einflüsse zeigen. Dies liegt vermutlich daran, dass sich durch die Trennung ihre Bindungsrepräsentation verändert hat. Dies wirkte sich auch auf folgende Bereiche aus: „Aspekte des Freundschaftskonzeptes mit 16 Jahren" (vgl. Merkl 1995, zit. nach Grossmann, Grossmann 2004, S. 513), „Darstellung der Mutter und des Vaters als zuverlässige Sicherheitsbasis" (vgl. Küfner 1996, zit. nach Grossmann, Grossmann 2004, S. 513) und die „emotionale Flexibilität und Selbstregulation in den Geschichten über fiktive soziale Zurückweisungen" (vgl. Himme 1998, zit. nach Grossmann, Grossmann 2004, S. 513).

Vier Jahre nach der Trennung der Eltern konnte nicht nachgewiesen werden, dass dieses Ereignis allein Einfluss auf die Partnerschaftsrepräsentation hatte. Allerdings zeigte sich, dass die Bindungsrepräsentation auch nach diesem Zeitraum von der Trennung der Eltern deutlich beeinflusst blieb (vgl. Grossmann, Grossmann 2004, S. 513).

Eine sichere Bindung wurde mehrfach als Schutzfaktor gegenüber belastenden Ereignissen festgestellt (vgl. Egeland 2002). Eine sichere Bindung geht mit einem internalen Arbeitsmodell von sich als geschätzter und liebenswerter Mensch einher (vgl. Kap. 2.4).

Funktion der mentalen Repräsentationen ist die Bewertung aktueller Ereignisse, die Steuerung weiterer Handlungen und die Bildung von Erwartungen über die Zukunft. König beschreibt, dass internale Arbeitsmodelle vor allem in den ersten fünf Lebensjahren veränderbar sind. Danach stabilisieren sie sich nach und nach, sodass sie weniger veränderlich sind und unabhängiger gegenüber Veränderungen sind. Dies bedeutet, dass ein Kleinkind gefährdeter ist, als ein älteres Kind, da sich bei einem Kleinkind die Bindungsqualität und das Arbeitsmodell durch die Trennung der Eltern schneller zum Negativen ändern können. Es ist in seiner Bindungssicherheit und in seiner Bindungsorganisation gefährdet (vgl. König 2002, S. 63).

In Kapitel 2.4 ist beschrieben, dass Bowlby vermutet, dass ein Kind zwei widersprüchliche Arbeitsmodelle entwickeln kann. Betrachtet man seine Vermutung unter Berücksichtigung einer Trennung der Eltern, stellt die Trennung wohl eine mögliche Ursache dafür dar. Bei Trennungskindern wurde festgestellt, dass sie zumindest zeitweise emotional beeinträchtigt sind.

Verhält sich die Mutter dem Kind gegenüber zurückweisend und ablehnend, vernachlässigt sie das Kind, so wird es mit großer Wahrscheinlichkeit eine unsicher-vermeidende Bindung zu seiner Mutter entwickeln (vgl. Kap. 2.5.1.1). Bowlby postuliert das vermeidende Modell als unbewusst wirksam, es beeinflusst die Gefühle und Verhaltensweisen des Kindes. Gleichzeitig nimmt das Kind von sich an, dass es nicht liebenswert ist und das Verhalten der Eltern verdient oder gar selbst verschuldet hat. Dass Schuldgefühl eine der möglichen Folgen einer Trennung der Eltern ist und diese die Entwicklung des Kindes beeinträchtigen, hat Kap. 5.1 gezeigt. Das veränderte Verhalten der Mutter kann einen veränderten Bindungsstil des Kindes zur Folge haben (von sicher zu unsicher-vermeidend). Schuldgefühle, die in Folge einer Trennung entstehen, könnten dann als ein Indiz für einen vermeidenden Bindungsstil des Kindes gesehen werden.

Bretherton beschreibt das Verhalten von Trennungskindern im Geschichtenergänzungsverfahren und stellt fest, dass sie zwar oft Wiedervereinigungsszenen spielen, denen aber teilweise „ein heftiger Familienstreit, ja sogar Tod und Mord" folgen (Bretherton 2002, S. 38). Sie vermutet, dass diese Szenen „tatsächlich erlebte Situationen metaphorisch darstellen. ... Beispielsweise kann eine Kindfigur, die von einem Mörder erdrückt, zerquetscht oder eingeklemmt wurde, in metaphorischer Form für einen affektiven Inhalt stehen (sich z.B. niedergeschlagen, ausweglos, eingeklemmt, gefangen, vernichtet fühlen)" (Bretherton 2002, S. 38).

Sie beschreibt ein weiteres Beispiel, in dem ein Kind mit einem außer Kontrolle geratenen Wagen spielt, der alle Familienmitglieder „auseinanderschleudert und tötet" (Bretherton 2002, S. 38). Dies könnte, übertragen auf die Situation des Kindes, für seine Angst vor Konflikten in der Familie stehen. Womöglich ist eine Situation bereits derart außer Kontrolle geraten, dass das Kind sehr verängstigt ist. In einem weiteren Beispiel beschäftigt sich das Kind mit dem Tod des Onkels. Dieses Kind spielt, dass der Vater auf dem Haus der Mutter und des Kindes steht und sich in den toten Onkel verwandelt. Bretherton vermutet, dass sich das Kind stark mit der Angst den Vater zu verlieren auseinandersetzt (vgl. ebd., S. 39).

Page und Bretherton (2001) untersuchten Trennungskinder im Alter von viereinhalb bis fünf Jahren mit Hilfe des Geschichtenergänzungsverfahrens. Sie stellten fest, dass Kinder im GEV häufig die Vaterfigur miteinbezogen, obwohl dies nicht angeregt wurde. Bei den Jungen zeigte sich die Vaterfigur als vertrauenswürdiger als bei den Mädchen. Bei Mädchen war die Mutter die bevorzugte Vertrauensperson (vgl. Page und Bretherton, S. 9f). Kinder, die in ihren Geschichten Kind-Mutter-Bindungsthemen ansprachen, wurden von ihren Lehrern bzw. Erziehern häufiger pro-sozial eingeschätzt. Eine autoritative Erziehung des Vaters sagte ebenfalls pro-soziales Verhalten des Kindes voraus. Vater-Kind-Bindungsthemen zeigten keine Korrelate, ebenso wie Trennungsangst gegenüber dem Vater. Die Autorinnen merken an, dass die Gruppe der pro-sozial eingeschätzten Jungen kohärentere und angemessenere Geschichten erzählten. Bei geringeren Werten in diesem Bereich zeigten die Jungen mehr Aggression gegenüber Familienmitgliedern (vgl. ebd., S. 14). Eine unterstützende Mutter korrelierte mit der Aussage der Lehrer, dass das Kind mit dem Lehrer wenige Konflikte hat.

Sie konnten in ihrer Studie bestätigen, dass Wut in anderen sozialen Bereichen ein Indikator für die Unsicherheit des Kindes über die elterliche Verfügbarkeit ist. Außerdem ist die Bedeutung des Vaters für die Kinder groß, da sie ihn unaufgefordert mit in das Spiel einbezogen (vgl. Page, Bretherton 1999, S. 18).

In Kapitel 2.5.3.4 wurde die ungelöst/desorganisierte Bindungsrepräsentation (mit Hilfe des AAI erhoben) beschrieben. Diese Bindungsrepräsentation entsteht u. a. durch unverarbeitete Verlusterfahrungen in der Kindheit (vgl. Hesse, Main 2002, S. 236). Eine solche Verlusterfahrung kann unter ungünstigen Bedingungen eine traumatische Trennung der Eltern sein. Hier zeigt sich die mögliche Reichweite dieses Ereignisses. Erlebt das Kind eine extrem belastende Trennung der eigenen Eltern und kann diese nicht verarbeiten (weil bspw. die nötigen Ressourcen fehlen), kann dies zu einer ungelöst/desorganisierten Bindungsrepräsentation im Erwachsenenalter führen. Weitet man die Effekte der Trennung noch weiter aus, können die Auswirkungen bis in die nächste Generation reichen, denn eine ungelöst/desorganisierte Repräsentation der Mutter geht meist mit einer desorganisierten Bindung des Kleinkindes einher (vgl. Kap. 2.6.3).

Das bedeutet konkret als Beispiel formuliert: Die Eltern eines jungen Mädchens trennen sich und für sie ist diese Trennung ein traumatisches Erlebnis, das sie nie verarbeiten konnte. Ihre Bindungsorganisation zerbricht durch die Trennung und sie kann sie nicht neu reorganisieren. Ist dieses Mädchen erwachsen, wird sie mit großer Wahrscheinlichkeit eine ungelöst/desorganisierte Bindungsrepräsentation haben. Hat sie dann später selbst ein Kind, wird dieses, mit relativer Wahrscheinlichkeit selbst desorganisiert gebunden sein. Auf diese Weise haben sich die Effekte der Trennung über die Generation hinweg getragen.

An dieser Stelle stellt sich die Frage, ob diese Folgen bei Jungen bzw. Männern ebenfalls auftreten. Es ist anzunehmen, dass die gleichen Effekte auch auftreten können. Berücksichtigt man, dass die Korrelationen zwischen väterlicher Bindungsrepräsentation und kindlicher Bindung zum Vater signifikant, aber etwas geringer als in der Mutter-Kind-Dyade sind, kann man die gleichen Folgen, vielleicht etwas abgeschwächt, annehmen (vgl. hierzu Kap. 2.6.3 dieser Arbeit).

### 5.3.2.2 Veränderungen der Bindungsqualität

Es ist anzunehmen, dass sich die Bindungsqualität des Kindes zur Mutter und zum Vater durch eine Trennung der Eltern verändern kann. Im siebten Familienbericht wird auf zwei Längsschnittstudien verwiesen, die belegen, dass die Scheidung die „Bindung der Kinder an ihre Eltern mittelfristig schwächt" (vgl. Amato, Booth 1997; Hetherington, Kelly 2001, zit. nach BMFSFJ 2006, S. 120). Im Zuge von ehelichen Problemen wird dem Kind weniger Aufmerksamkeit geschenkt und es wird weniger unterstützt. Dies führt zu einer schwächeren Bindung. Vor allem ist die Vater-Kind-Beziehung von langfristigen Folgen der Scheidung betroffen (vgl. Amato 2003, nach BBFSFJ 2006, S. 120). Etwas mehr als ein Drittel der Scheidungskinder haben demnach „zu Beginn des Erwachsenenalters eine relativ schwache Beziehung zu ihrem Vater" (vgl. Amato 2003, zit. nach BMFSFJ 2006, S. 120). Die Vater-Tochter-Beziehung ist besonders davon betroffen. Die Bindung zwischen Kind und Mutter hat sich im Gegensatz zur Kind-Vater-Bindung verfestigt und ist nach der Trennung noch enger geworden. In diesem Fall hatten die Kinder ihren Lebensmittelpunkt bei der Mutter (vgl. Szydlik 2000, zit. nach BMFSFJ 2006, S. 120).

Eine konfliktreiche Beziehung der Eltern und die Beeinträchtigung der Eltern durch Depressionen, Schuldgefühle oder sonstige emotionale Belastungen erhöht die Wahrscheinlichkeit, dass sich die Bindungsqualität des Kindes zu seinen Eltern, vor allem von einer vorher sicheren, zu einer nachher unsicheren Bindung ändert. Das ist notwendig, weil die alte Bindungsstrategie nicht mehr adaptiv ist. Die Bindungsorganisation kann jedoch auch vollständig zusammenbrechen, sodass das Kind keine Strategie hat, Bindungs- und Explorationsverhalten zu regulieren. Im Folgenden sind mögliche Beispiele genannt.

Die Trennung der Eltern aktiviert das Bindungsverhaltenssystem des Kindes. Gerade wenn die Beziehung der Eltern sehr konfliktbeladen ist, stellt die Trennung ein erhöhtes Risiko dar. Ein Beispiel verdeutlicht diese Aussage (vgl. Kap. 2.3.1).

Das kleine Kind steht durch die konfliktreiche Trennung der Eltern unter emotionaler Belastung. Es zeigt seine Gefühle durch häufiges Weinen und Anklammern an die Mutter. Die Mutter, selbst durch die Trennung stark belastet und daher nur eingeschränkt emotional verfügbar, ignoriert häufig das Weinen des Kindes oder reagiert nur kurz, keinesfalls angemessen auf das Weinen. Wenn sich das Kind an ihr Bein klammert, stößt sie es weg. Das Kind wird von der Mutter zurückgewiesen und sie beachtet seine Gefühle kaum. Es lernt, negative Gefühle und Bindungsverhalten nicht mehr zu zeigen oder umzulenken, sodass die Mutter weniger gestresst ist. Das Kind kann die Nähe zur Mutter wieder herstellen. Das Kind hat einen vermeidenden Bindungsstil entwickelt.

Ein sicher gebundenes Kind kann unter folgenden Umständen einen unsicher-ambivalenten Bindungsstil entwickeln: Die Mutter des Kindes konnte vor der Trennung der Eltern feinfühlig mit dem Kind umgehen. Bindung und Exploration standen bei dem Kind in einem ausgewogenen Verhältnis zueinander. Die Mutter wurde durch die Trennung von ihrem Partner erschüttert und ist viel mit sich selbst beschäftigt. Dem Kind gegenüber kann sie nicht mehr feinfühlig reagieren, ihre Reaktionen sind unvorhersehbar. Das Bindungsverhaltenssystem des Kindes ist ständig aktiviert. Dementsprechend wird das Kind eine unsicher-ambivalente Bindung zu ihr aufbauen (vgl. Kap. 2.5.1.1). König ermittelte in ihrer Düsseldorfer Studie einen Wert von 8,3 % unsicher-ambivalent gebundener Kinder aus Einelternfamilien. Dieser Wert ist sehr gering und wurde daher von König aus der Analyse der Ergebnisse ausgenommen (vgl. König 2002, S. 99).

Die Bindungsorganisation kann vollständig zusammenbrechen, wenn die Bindungsperson selbst Angst auslöst (vgl. Kap. 2.5.1.2). Das Kind fühlt sich in diesem Fall in seiner emotionalen Sicherheit durch die Bindungsperson bedroht. Laut König kann dies vor allem dann der Fall sein, wenn „der Trennungsprozess hochgradig konfliktbeladen ist .. oder die Bindungsperson extrem depressiv bzw. ängstlich wird" (König 2002, S. 64). König nennt einen Artikel, der sich mit kindlicher Bindung in konfliktbeladenen Ehebeziehungen befasst (Owen, Cox 1997) und einen Artikel, der die Auswirkungen von mütterlichen Depressionen auf die kindliche Bindung beschreibt (Teti et al. 1995). König gibt zu bedenken, dass Aggressionen der Eltern auch direkt auf das Kind übergehen können, bis hin zu Gewalttätigkeiten gegen das Kind.

Auch Zulauf-Logoz (2004) beschreibt eine mögliche Folge von massiven Elternkonflikten. Das Kind erlebt durch die Streitigkeiten Furcht im Zusammenhang mit seinen Bindungspersonen. Dies steht in Zusammenhang mit desorganisierter Bindung beim Kind. Die Studie von Owen und Cox (1997) bestätige die Hypothese, dass allein große Konflikte zwischen den Eltern, die nicht in physische Gewalt dem Kind gegenüber ausarten, die Ursache für eine Desorganisation beim Kind sein können (vgl. Zulauf-Logoz 2004, S. 308).

Es kann auch passieren, dass die depressive und verängstigte Mutter beim Kind Verlustängste auslöst, die dazu führen, dass das Kind die Fürsorge für die Mutter übernimmt (vgl. König 2002, S. 64). Diese Rollenumkehr ist vor allem bei d-kontrollierendem Verhalten zu beobachten.

In diesen Fällen ist die Mutter, die ja eigentlich Schutz und Nähe in beängstigenden Situationen bieten soll, die Quelle der Angst selbst.

Grossmann und Grossmann (2004) nennen unterschiedliche Faktoren, die eine desorganisierte Bindung verursachen können (vgl. Kap. 2.5.1.2). Sie führen unter anderem die „sozial akzeptierten Trennungen des Kindes von der Mutter, auch über Nacht ... beim getrennt lebenden Vater" an (2004, S. 158). Solomon und George (1999) stellen in ihrer Studie fest, dass Übernachtungen beim getrennt lebenden Vater bei Kleinkindern von 12-20 Monaten „häufiger mit desorganisierter Bindung zur Mutter einhergingen als bei vergleichbaren Kindern von verheirateten Eltern" (vgl. Solomon, George 1999, zit. nach

## 5.3 Bindungsqualität im Trennungs- und Nachtrennungsprozess

Gloger-Tippelt 2002, S. 134). Selten waren diese Kinder sicher an ihre Mutter gebunden. Ein Zusammenhang zwischen häufigen Übernachtungen und einer desorganisierten Bindung des Kindes an seinen Vater konnte aber nicht festgestellt werden, jedoch waren die Kinder an ihre Väter öfter desorganisiert gebunden als Kinder verheirateter Paare. Weiterhin stellten sie Korrelationen zwischen Desorganisation und geringer Kommunikationsfähigkeit, hohem Konfliktniveau und geringer mütterlicher Unterstützung für das Kind, erfasst in Interviews mit den Müttern, fest (vgl. Solomon, George 1999, S. 2) (vgl. auch Kap. 5.1).

In Deutschland hat bisher nur Lilith König Bindung bei Kindern aus Einelternfamilien untersucht (vgl. 2002). Gloger-Tippelt und König vergleichen die Ergebnisse Königs (in Düsseldorf mit Hilfe des GEV erhoben) mit denen von zwei Längsschnittstudien (hier in Heidelberg 1 und 2 zusammengefasst) zur Bindung bei repräsentativen Zweielternfamilien. Sie kommen zu dem Schluss, dass es hoch signifikante Unterschiede in der Bindungsorganisation gibt. Demnach sind Kinder aus Einelternfamilien vorwiegend unsicher-vermeidend gebunden. Es gibt signifikant weniger sicher gebundene, aber mehr desorganisierte Kinder (vgl. Tab. 5.1). Grundsätzlich weisen „die Kinder aus Einelternfamilien signifikant häufiger niedrigere (mehr unsichere) Bindungssicherheitswerte und weniger sichere ... [auf] als die Kinder aus Zweielternfamilien" (Gloger-Tippelt, König 2003, S. 142).

Die folgende Tabelle zeigt die „Verteilung der Bindungsklassifikation nach Geschlecht in Ein- und Zweielternfamilien" (Gloger-Tippelt, König 2003, S. 142).

|  | Bindungs-klassifikation | B | A | C | D |
|---|---|---|---|---|---|
| Heidelberg 1 und 2 | Jungen N = 26 | 9 (34,6 %) | 12 (46,2 %) | 3 (11,5 %) | 2 (7,7 %) |
|  | Mädchen N = 25 | 10 (40,0 %) | 12 (48,0 %) | 3 (12,0 %) | 0 (0,0 %) |
| Düsseldorf | Jungen N = 30 | 1 (3,3 %) | 16 (53,3 %) | 1 (3,3 %) | 12 (40,0 %) |
|  | Mädchen N = 30 | 8 (26,7 %) | 15 (50,0 %) | 4 (13,3 %) | 3 (10,0 %) |

**Tabelle 5.2:** Verteilung der Bindungsklassifikation nach Geschlecht in Ein- und Zweielternfamilien; Tab. nach: Gloger-Tippelt, König 2003, S. 142

Die Autorinnen stellten bei Einelternfamilien einen wesentlichen Geschlechtseffekt fest (vgl. auch König 2002). Zwölf von Fünfzehn Kindern mit desorganisierter Bindung waren Jungen. Abgesehen von einem Jungen waren alle sicher gebundenen Kinder Mädchen. Die Abweichung der Werte von Einelternfamilien ist durch die Bindungsklassifikation der

Jungen bedingt. Dies zeigt sich, wenn man die Werte der Studien geschlechtsspezifisch betrachtet (vgl. 2003, S. 142).

In der Einelternstichprobe war der Anteil vermeidend gebundener Kinder hoch (Mädchen: 50%, Jungen 53%), in den Zweielternfamilien wurde ein Wert von 48% ermittelt. Gloger-Tippelt und König weisen aber darauf hin, dass „der Anteil vermeidender Bindungen .. aber noch im deutschen Durchschnitt" liegt (vgl. Gloger-Tippelt, Vetter, Rauh 2000, zit. nach Gloger-Tippelt, König 2002, S. 143). Besonders auffallend ist der extrem hohe Wert an desorganisiert gebundenen Jungen in der Düsseldorfer Untersuchung (40%). Dieser Anteil entspricht „dem erwarteten Anteil in Risikostichproben" (van Ijzendoorn, Schuengel, Bakermans-Kranenburg 1999, zit. nach Gloger-Tippelt, König 2003, S. 143).

Gloger-Tippelt und König (2003) kommen zu dem Schluss, dass der hohe Anteil vermeidend gebundener Kinder daraus resultiert, dass dieser Bindungsstil zur Stabilisierung der Situation getrennter Eltern mit ihrem Kind beiträgt. Einerseits ist die Mutter wahrscheinlich durch die Trennung weniger verfügbar, ihre Elternkompetenz ist eingeschränkt und sie ist wahrscheinlich weniger feinfühlig. Die vermeidende Bindungsstrategie bietet dem Kind „Schutz vor schmerzhaften Gefühlen" und entlastet gleichzeitig die Mutter (ebd., S. 143). Auf diese Weise kann ein vermeidender Bindungsstil des Kindes, der in dieser Situation angemessen ist, zur Stabilisierung der Situation beitragen. Unsicher-ambivalent gebundene Kinder sind für die Mutter hingegen eher eine Belastung, sodass dieser Bindungsstil die Beziehung zusätzlich belasten würde.

Außerdem stellen die Autorinnen fest, dass Kinder aus Einelternfamilien, vor allem Jungen, im GEV nicht mit Trennungs- und Wiedervereinigungsthemen umgehen konnten. „Das Trennungsthema hat für Kinder der Einelternfamilien offensichtlich belastendere Aspekte als für Kinder aus Zweielternfamilien" (ebd., S. 144).

Zwölf der dreißig Jungen in der Düsseldorfer Studie wurden als desorganisiert klassifiziert. Die Autorinnen vermuten, dass die Bindung der Jungen desorganisiert klassifiziert wurde, weil sich die Familien noch in der Reorganisationsphase befanden und daher ihr „Bindungssystem durch die Trennung der Eltern (noch) erschüttert" war (ebd., S. 144). Weiterhin vermuten sie hier geschlechtsrollenpezifische Unterschiede. Für einen Jungen kann die Trennung vom Vater gleichzeitig mit einer Identitätskrise verbunden sein. Gloger-Tippelt und König argumentieren folgendermaßen: „Die Trennung der Mutter vom Vater würde dann nicht nur den möglichen Verlust des Vaters bedeuten, was ja auch für die Mädchen gilt, sondern könnte zusätzlich als Bedrohung der eigenen (männlichen) Identität erlebt werden und größere Ängste bei Jungen auslösen, selbst von der Mutter verlassen zu werden. In diesem Fall wäre die Mutter als Bindungsperson die Quelle der Angst und damit genau die Bedingung gegeben, von der angenommen wird, dass sie mit der Bindungsdesorganisation zusammenhängt" (ebd., S. 144). Konflikte zwischen den Eltern und eine feindliche Einstellung der Mutter gegenüber dem Vater unterstützen diesen Prozess.

Es sind folgende Faktoren bei der Interpretation dieser Ergebnisse zu beachten: Einelternfamilien sind als Risikogruppe zu bewerten; viele Familien befanden sich zum Zeit-

## 5.3 Bindungsqualität im Trennungs- und Nachtrennungsprozess

punkt der Erhebung noch in der Reorganisationsphase; bei einem Drittel der getrennten Eltern herrschten Konflikte und die Mütter waren psychisch stark belastet. Es ist möglich, dass die große Zahl der unsicheren bzw. desorganisiert gebundenen Kinder auf diese Risikofaktoren zurückzuführen ist. Die Familienform an sich kann dafür nicht verantwortlich gemacht werden (vgl. Gloger-Tippelt, König 2003, S. 142f).

Bei 70 % der Kinder aus Einelternfamilien lag mindestens ein Risikofaktor vor, sodass die Bindungsklassifikation durchaus mit den Risikofaktoren zusammenhängen kann. Bei desorganisierten Jungen waren meist mehrere Faktoren zu finden (vgl. Gloger-Tippelt, König 2003, S. 144).

Gloger-Tippelt und König geben aber zu bedenken, dass die Untersuchung von König (2002) eine Pilotstudie war. Die Studien aus Heidelberg, die als Vergleichsgruppe dienten, wurden ursprünglich nicht zum Zweck des Vergleichs erhoben. Daher müsse man bei der Interpretation der Ergebnisse vorsichtig sein. Um weitere Hypothesen zu bilden, lassen sie sich aber gut nutzen (vgl. 2003, S. 142).

Ein systematischer Vergleich zwischen Kindern aus Trennungs- und nicht-Trennungsfamilien könnte Aufschluss darüber geben, ob Trennungskinder „allgemein vulnerabler sind und [ob] zusätzliche Risikofaktoren einen stärkeren Einfluss haben" (Gloger-Tippelt, König 2003, S. 145). Dies ist nur möglich, wenn beide Gruppen die gleichen Risikofaktoren aufweisen. Außerdem könnte untersucht werden, wie sich die Bindungsorganisation während der Nachtrennungsphase und nach Stabilisierung der Gesamtsituation verhält. Zudem müssten mehr Jungen mit sicherer Bindung und mehr Mädchen mit desorganisierter Bindung miteinbezogen werden.

In manchen Familien verändern sich die Bedingungen nach der Trennung zum Positiven. Es ist möglich, dass vorher Gewalt, Missbrauch und Angst geherrscht haben und durch die Trennung diese Situation beendet wird. Die Mutter kann eine Atmosphäre schaffen, die dem Kind Geborgenheit, Liebe und Verständnis vermittelt. Sie erzieht das Kind autoritativ und unterstützt es, wenn es Hilfe braucht. Unter diesen neuen Bedingungen kann das Kind eine sichere Bindung zur Mutter aufbauen (vgl. König 2002, S. 65).

König beschreibt, dass Cassidy (1988) nachweisen konnte, dass Kinder alleinstehender Mütter dann eine sichere Bindung zu ihnen aufbauen konnten, wenn die Mütter eine neue Partnerschaft eingingen. König nimmt an, dass die Unterstützung durch den neuen Partner die Mutter entlastete, sodass sie dem Kind gegenüber zugänglicher wurde (vgl. König 2002, S. 65).

Grundsätzlich ist anzumerken, dass die Veränderung der Bindungsqualität des Kindes zu seiner Mutter und auch zu seinem Vater nicht unbedingt eine langfristige sein muss. Je nachdem wie sich Mutter und Vater verhalten, kann sich die Bindungsqualität des Kindes wieder ändern. Um das zu beurteilen muss man den jeweiligen Kontext der Mutter-Vater-Kind-Dyaden betrachten. In der Reorganisationsphase nach der Trennung stabilisieren sich die Verhältnisse langsam, sodass sich auch die Bindungsorganisation wieder stabilisieren kann. Es ist möglich, dass das alte Bindungsmuster in der neuen Situation angemessen ist oder aber dass sich ein anderes Muster stabilisiert. Welches Bindungsmuster das ist, kann je nach Kontext verschieden sein.

Zusammenfassend lässt sich sagen, dass die Trennung der Eltern dazu führen kann, dass das Kind seine Bindungsorganisation ändert oder dass sie zusammenbricht. Dies geschieht dann, wenn die Versorgungsbedingungen sich verändern und die Bindungsorganisation durch diese Veränderung nicht mehr adaptiv ist. Das ist im konkreten Fall abhängig vom Alter bzw. Entwicklungsstand des Kindes, von den sozioökonomischen Bedingungen, den Konflikteigenschaften und der psychischen Beeinträchtigung der Mutter (vgl. König 2002, S. 64).

### 5.3.3 Fallbeispiel

Scheuerer-Englisch beschreibt in *Wege zur Sicherheit* (2001, S. 334 - 342) den Fall eines sieben Jahre alten Jungen (Sven), dessen Eltern sich zwei Jahre zuvor getrennt hatten. Er hatte einen jüngeren Bruder, auf den er eifersüchtig war, weil dieser mehr Kontakt zu seinen Großeltern väterlicherseits hatte. Sven und sein Bruder lebten vier Jahre bei den Großeltern, die für ihn die primären Bindungspersonen waren. Die Mutter zog mit Sven und seinem Bruder nach der Trennung aufs Land, später mit dem neuen Lebensgefährten zusammen. Sven musste also nach der Trennung zwei Wohnungswechsel erleben. Seine Mutter musste mehr arbeiten als vor der Trennung, was die Situation zusätzlich belastete.

Sven war oft teilnahmslos, apathisch, aggressiv und fuhr nach der Schule mit dem Bus nicht zum Hort, sondern mit anderen Bussen durch die Stadt. Im ersten Gespräch in der Beratungsstelle zeigte sich, dass Sven an seine Mutter unsicher-vermeidend gebunden war, mit desorganisierten Elementen. Sven berichtete in Einzelgesprächen mit dem Therapeuten, dass seine Mutter ihn nicht verstehe und niemand für ihn da sei. Ihm wurde daheim mit Unterbringung in einer Klinik gedroht, wenn er sich nicht ändere. Die Mutter hatte kaum Zeit für ihn, weil sie viel arbeiten musste und ging nicht auf ihn ein. Der Therapeut beschreibt die Beziehung zu ihrem Sohn als distanziert.

Für Sven war seine Mutter eine Quelle der Angst. Bereits vor der Trennung gab es große Konflikte zwischen den Eltern, die Sven sehr beängstigten. Beide Elternteile konnten daher nicht die sichere Basis für Sven sein. Scheuerer-Englisch vermutet, dass diese Konfliktsituationen für Sven traumatisierend gewesen sind. Hinzu kommen die Drohung mit Klinikaufenthalt, nicht-Beachten, körperliche Gewalt und eine distanzierte Haltung der Mutter zu ihrem Sohn. Diese Faktoren können ursächlich für die Angst vor der Mutter sein.

Da Sven vor der Trennung seiner Eltern eine sehr enge Beziehung zu seinen Großeltern väterlicherseits hatte und diese nach der Trennung in nur sehr geringem Maß weiterbestand, verlor er seine Bindungspersonen, die warmherzig mit ihm umgingen. Seine Mutter konnte ihm die Großeltern als sichere Basis nicht ersetzen. Zusammen mit zwei Umzügen und sozialer Isolation (durch berufliche Belastung der Mutter und Angst vor

## 5.3 Bindungsqualität im Trennungs- und Nachtrennungsprozess

Gleichaltrigen) wurde die Belastung für Sven zu groß, sodass sich die oben beschriebenen Auffälligkeiten zeigten.

Zusätzlich zeigte er Verhaltensweisen, die auf Desorganisation in der Bindung schließen lassen. Er hat ein kontrollierendes Beziehungsmuster zur Mutter entwickelt. Distanzloses Verhalten gegenüber dem Therapeuten, Vermeidung von Blickkontakt und inkohärente und unverständliche Äußerungen zeigten sich in den ersten Gesprächen mit dem Therapeuten.

Die Mutter hatte selbst eine schwierige Kindheit, kannte ihren Vater kaum, war früh auf sich allein gestellt (durch Erwerbstätigkeit der Mutter) und kam nach dem Tod der Mutter (als sie 15 Jahre alt war) in ein Heim und später zu Pflegeeltern. Kurz nach der Volljährigkeit wurde sie selbst mit Sven schwanger.

Scheuerer-Englisch fasst zusammen, dass mehrere Erklärungen für die desorganisierte Bindungsstrategie möglich sind: einerseits das angstauslösende Verhalten der Mutter, andererseits die Bindungsrepräsentation der Mutter oder der Verlust der primären Bindungspersonen (Großeltern väterlicherseits). Denkbar ist auch ein Zusammenspiel dieser Faktoren.

Der Therapeut veranlasste einen verlässlichen Umgang mit den Stief-Großeltern, da Sven zu ihnen eine gute Beziehung hatte, die Sven vertiefen wollte. Gleichzeitig wurde regelmäßiger Kontakt mit den Großeltern väterlicherseits hergestellt. Die Drohung seitens der Mutter wurde geklärt, sodass sie für Sven keine Bedrohung mehr darstellte. Im Gespräch mit den Eltern wurde „die Bedeutung der Sicherheit in den Familienbeziehungen als Grundlage der Bewältigung der schwierigen Situation und der Reduzierung der Symptome herausgestellt" (2001, S. 337).

Sven stabilisierte sich schon bereits nach dem ersten Elterngespräch, sodass er wieder nach der Schule in den Hort fuhr und der große Druck von ihm genommen war.

# 6 Resümee und Ausblick

Eine Trennung der Eltern allein ist kein Risikofaktor für die Bindung des Kindes, erst mit anderen Faktoren zusammen kann es zu einem negativen Entwicklungsverlauf kommen. Es können verschiedene Determinanten für die Bindungsqualität im Trennungs- und Nachtrennungsprozess bestimmt werden. Vor allem das emotionale Klima und die Beziehungsqualität innerhalb der Familie wirken sich auf die kindliche Sicherheit aus. Das Ausmaß der kindlichen Sicherheit ist entscheidend für dessen Bindungsverhalten. Elterliche Konflikte und eine geringe elterliche Kommunikation wirken sich auf das Wohlbefinden aller Beteiligten aus. Kann die Mutter das Kind in dieser schwierigen Phase angemessen unterstützen, ihm Schutz und Nähe bieten, hat das Kind die größten Chancen die Trennung der Eltern weitgehend unbeschadet zu überstehen. In diesem Fall wird es wohl auch eine sichere Bindung zur Mutter haben.

Faktoren, die eine Trennung der Eltern begünstigen, sind gleichzeitig die Faktoren, die zu einer unsicheren oder desorganisierten Bindung führen können. Außerdem sind diese Faktoren als zusätzliche Risikofaktoren im Fall einer Trennung zu berücksichtigen, da sie die Interaktion zwischen Mutter und Kind stark beeinträchtigen können, sodass das Kind keine ausreichende Unterstützung erhält.

Diese Arbeit stellt verschiedene Schutz- und Risikofaktoren für die Bindungsqualität im Zusammenhang mit Bindung heraus. Fasst man die Ergebnisse, vor allem des fünften Kapitels zusammen, lassen sich folgende Risiko- und Schutzfaktoren gegenüberstellen.

Eine sichere Bindung zur Mutter ist ein Schutzfaktor, wenn die Mutter für das Kind verfügbar ist. Hat das Kind eine sichere Bindung zu seiner Mutter, die allerdings durch die Trennung stark beeinträchtigt ist, ist das ein Risiko für seine Bindungsorganisation, da es schutzlos seinen Gefühlen ausgesetzt ist und die Mutter es nicht unterstützen kann. In diesem Fall ist eine sichere Bindungsstrategie nicht mehr adaptiv. Eine unsichervermeidende Bindung wirkt genau in diesem Fall als Schutz. Andererseits kann aber auch eine vermeidende Bindung ein Risiko darstellen. Die Kommunikation ist eingeschränkt und vermeidende Verhaltensweisen können sich verstärken.

Ein Kind, das desorganisiert gebunden ist, hat keine adaptive Strategie die Situation zu bewältigen und ist wohl am meisten gefährdet. Eine unterstützende Mutter kann dem Kind helfen die Krise zu meistern. Hat die Mutter selbst ein sicher-autonomes Modell von Bindung, kann sie mit der Trennung besser umgehen und so auch das Kind adäquater unterstützen.

Umgekehrt verarbeitet eine Mutter mit einem abwertenden, verstrickten oder ungelösten Bindungsmodell die Trennung nicht entsprechend positiv und kann dem Kind weniger unter die Arme greifen.

Eine gute Kommunikation innerhalb der getrennten Familie steht einem hohen Konfliktpotenzial, das zusätzlich belastet, gegenüber. Gewalt und Aggressionen gegen das Kind verursachen einen Zusammenbruch der Bindungsorganisation. Extreme Depressivität und Ängstlichkeit auf Seiten der Mutter sind ebenfalls Faktoren, die eine desorganisierte Bindung des Kindes bewirken. Zurückweisungen durch die Mutter oder Drohungen lösen bei dem Kind Verlustängste aus, die seine Bindung beeinträchtigen.

Ein hohes Risiko für die Gesundheit des Kindes besteht vor allem dann, wenn seine Bindungspersonen nicht verfügbar sind. Andere sekundäre Bindungspersonen (z.B. die Großeltern) können dem Kind eine sichere Basis bieten, auf die es zurückgreifen kann. Hat das Kind zu keiner Person eine sichere Bindung, bedeutet das ein erhöhtes Risiko für seine Entwicklung, da dem Kind niemand bei der Regulierung seiner Gefühle unterstützen kann.

Die Beeinträchtigung durch die Trennung der Eltern hat für das Bindungsverhalten des Kindes verschiedene Folgen. Ist seine Bindungsstrategie nicht adaptiv, wird es sie ändern oder die Bindungsorganisation bricht vollständig zusammen. Bindungsdesorganisation steht in Zusammenhang mit dissoziativen Störungen. Exploration und soziales Lernen sind zudem eingeschränkt, was wiederum die Entwicklung des Kindes negativ beeinflussen kann. Das Kind hat verschiedene Entwicklungsaufgaben zu meistern. Eine Beeinträchtigung durch die Trennung, durch eine veränderte Bindungsorganisation oder Desorganisation, kann das Lösen der Entwicklungsaufgaben behindern. Auf diese Weise kann sich die Trennung der Eltern vielfältig auswirken.

Außerdem wurde festgestellt, dass eine Trennung der Eltern die Bindung zwischen dem Kind und seinem Vater langfristig schwächt, die zur Mutter hingegen gefestigt wird. Durch Gefühle wie Wut, Furcht und Trauer sind die Beziehungen zwischen dem Kind und seinen Eltern gefährdet. Das Kind braucht die Unterstützung seiner Eltern vor allem in Situationen, in denen es verstärkt Bindungsverhalten zeigt (z.B. vor und nach Umgangskontakten).

Besonders in jungem Alter ist das Kind gefährdet, da seine Bindungsorganisation noch nicht stabil ist. Die Bindungsorganisation kann sich in jede Richtung verändern. Die Studien von Solomon und George (1999) und König (2002) haben jedoch gezeigt, dass Kinder getrennter Eltern vor allem vermeidend gebunden sind oder eine Bindungsdesorganisation entwickeln. Herauszustellen sind zudem die Geschlechtsunterschiede. Jungen sind demnach vulnerabler als Mädchen. Nach Gloger-Tippelt und König (2003) können Jungen durch die Trennung vom Vater zusätzlich in eine Identitätskrise geraten. Solomon und George (1999) stellten heraus, dass eine große Zahl von Jungen, die bei ihrem Vater übernachten, sicher an ihren Vater gebunden sind. Wie und ob überhaupt diese Ergebnisse zusammenhängen ist unklar.

# *Kapitel 6: Resümee und Ausblick*

Die Trennung der Eltern hat zudem eine destabilisierende Wirkung auf das internale Arbeitsmodell von Bindung. Festgestellt wurde eine Beeinträchtigung für das Partnerschaftsmodell noch vier Jahre nach der Trennung und dass die Bindungsrepräsentation sogar noch danach durch die Trennung der Eltern beeinflusst war. Zusammenhänge bestehen auch zum Freundschaftskonzept, zu der emotionalen Flexibilität und zur Selbstregulierung bei sozialer Zurückweisung. Über mentale Arbeitsmodelle können die Auswirkungen einer Trennung sogar von einer Generation zur nächsten weitergegeben werden.

Es muss betont werden, dass eine Trennung der Eltern nicht zwingend langfristige Folgen hat. Die Beeinträchtigung variiert je nach Kontext und ist davon abhängig, wie schnell sich die Situation der Familie nach der Trennung wieder stabilisiert.

Grundsätzlich muss hier noch einmal festgehalten werden, dass diese Thematik noch großen Forschungsbedarf hat und die bisherige Forschung viele verschiedene Aspekte liefert, die zu untersuchen wären. Vor allem müssen Faktoren lokalisiert werden, die einen Einfluss auf die Bindungsqualität des Kindes während und nach dem Trennungsprozess haben, damit man Ergebnisse, die die Bindungsqualität in dieser Zeit darstellen, differenzierter betrachten kann.

# Literaturverzeichnis

Ahnert, L. (Hrsg.) (2004): Frühe Bindung. Entstehung und Entwicklung. München: Ernst Reinhardt, GmbH & Co. KG, Verlag.

Ainsworth, M.D.S. (1963): The development of infant-mother interaction among the Ganda. In: Foss, B. M. (Hrsg.): Determinants of infant behaviour, Bd. 2, Methuen, London; Wiley, New York.

Ainsworth, M.D.S. (1967): Infancy in Uganda: Infant care and the growth of attachment. Baltimore: The Hopkins Press.

Ainsworth, M.D.S., Eichenberg, C. G. (1991): Effects of infant-mother attachment of mother's unresolves loss of an attachment figure or other traumatic experience. In: Maris, P., Stevenson-Hinde, J., Parkes, C. (Hrsg.): Attachment across the Life Circle. New York: Routledge, S. 160 - 183.

Amato, P. R. (2003): Reconciling divergent perspectives: Judith Wallerstein, quantitative family research and children of divorce. Family Relations 52(2), S. 340 - 351.

Amato, P. R., Booth, A.(1997): A generation of risk: Growing up in an era of family upheaval. Cambridge: Harvard University Press.

Amato, P. R., Keith, B. (1991): Parental divorce and the well-being of children: A meta-analysis. Psychological Bulletin, 110, S. 26 - 46.

Becker-Stoll, F. (1997): Interaktionsverhalten zwischen Jugendlichen und Müttern im Kontext längsschnittlicher Bindungsentwicklung. Unveröffentlichte Dissertation. Universität Regensburg.

Belsky, J. (1984): The determinants of parenting: A process model. Child Development, 55, S. 83 - 96.

Bodenmann, G. (2001): Stress und Partnerschaft. Bern: Verlag Hans Huber.

Bodenmann, G. (2002): Bedeutung von Stress für die Familienentwicklung. In: Rollett, B., Werneck, H. (Hrsg.): Klinische Entwicklungspsychologie der Familie. Göttingen: Hogrefe-Verlag, S. 243 - 265.

Bohannon, P. (1970): Divorce and after: An analysis of emotional and social problems of divorce. Garden City: Anchor.

Böhm, B., Grossmann, K. E. (2000): Unterschiede in der sprachlichen Repräsentation von 10 - 14jährigen Jungen geschiedener und nicht geschiedener Eltern. Praxis der Kinderpsychologie und Kinderpsychiatrie, 49, S. 399 - 418.

Bowlby, John (1976): Trennung. München: Kindler.

Bowlby, John (1979/1980): Das Glück und die Trauer. Stuttgart: J. G. Cotta'sche Buchhandlung Nachfolger GmbH (Klett-Cotta).

Bowlby, John (2005): Frühe Bindung und kindliche Entwicklung. 5. Auflage. München: Ernst Reinhardt, GmbH & Co. KG, Verlag.

Bowlby, John (2006a): Bindung. München: Ernst Reinhardt, GmbH & Co Kg, Verlag.

Bowlby, John (2006b): Trennung. München: Ernst Reinhardt, GmbH & Co Kg, Verlag.

Bradbury, T. N., Fincham, F. D. (1991): A contextual model for advancing the study of marital interaction. In: Fletcher, G. J. O., Fincham, F. D. (Hrsg.): Cognition in close relationships. Hillsdale, NJ: Erlbaum, S. 127 - 147).

Braun, M. (1997): Verarbeitungsstrategien des Trennungstraumas und psychotherapeutische Interventionen in der Behandlung bei drei Scheidungskindern. In: Lehmkuhl, G., Lehmkuhl, U. (Hrsg.): Scheidung - Trennung - Kindeswohl. Diagnostische, therapeutische und juristische Aspekte. Weinheim: Deutscher Studien Verlag, S. 59 - 79.

Bretherton, Inge (2002): Kontrukt des Inneren Arbeitsmodells. Bindungsbeziehungen und Bindungsrepräsentationen in der frühen Kindheit und im Vorschulalter. In: Brisch, K. H. et al.: Bindung und seelische Entwicklungswege. Grundlagen, Prävention und klinische Praxis. Stuttgart: J. G. Cotta'sche Buchhandlung Nachfolger GmbH (Klett-Cotta).

Bretherton, I., Water, E. (Hrsg.) (1985): Growing Points of Attachment Theory and Research. Monographs of the Society for Research in Child Development, Bd. 50. Chicago: Univerity of Chicago Press.

Bretherton, I., Suess, G. J., Golby, B., Oppenheim, D. (2001): Attachment Story Completion Task (ASCT) - Methode zur Erfassung von Bindungsqualität im Kindergartenalter durch Geschichtenergänzungen im Puppenspiel. In: Suess, G. J., Scheuerer-Englisch, H., Pfeifer, W.-K. P. (Hrsg.): Bindungstheorie und Familiendynamik. Anwendung der Bindungstheorie in Beratung und Therapie. Gießen: Psychosozial-Verlag, S. 83 - 123.

Brisch, K. H. (2003): Grundlagen der Bindungstheorie und aktuelle Ergebnisse der Bindungsforschung. In: Finger-Trescher, U., Krebs, H. (Hrsg.): Bindungsstörungen und Entwicklungschancen. Gießen: Psychosozial-Verlag, S. 51 - 69.

Brisch, K. H., Grossmann, K. E., Grossmann, K., Köhler, L. (Hrsg.) (2002): Bindung und seelische Entwicklungswege. Grundlagen, Prävention und klinische Praxis. Stuttgart: J. G. Cotta'sche Buchhandlung Nachfolger GmbH (Klett-Cotta).

Brisch, K. H., Hellbrügge, T. (Hrsg.) (2003): Bindung und Trauma. Stuttgart: Klett-Cotta.

Bronfenbrenner, U. (1976): Ökologische Sozialisationsforschung - ein Bezugsrahmen. In: Lüscher, K., Bronfenbrenner, U. (Hrsg.): Ökologische Sozialisationsforschung. Stuttgart: J. G. Cotta'sche Buchhandlung Nachfolger GmbH (Klett-Cotta), S. 199 - 220.

Bronfenbrenner, U. (1981): Die Ökologie der menschlichen Entwicklung. Stuttgard: Klett-Cotta.

Buchanan, C. M., Maccoby, E. E., Dornbusch, S. M. (1991): Caught between parents: Asolescents' experience in divorced homes. Child Development, 62, S. 1008 - 1029.

Bundesministerium für Familie, Senioren, Frauen und Jugend (BMFSFJ) (Hrsg.) (2006): Siebter Familienbericht: Familie zwischen Flexibilität und Verlässlichkeit - Perspektiven für eine lebenslaufbezogene Familienpolitik. Baden-Baden: Koelblin-Fortuna-Druck.

Byng-Hall, J. (1999): Family and Couple Therapy. Toward Greater Security. In: Cassidy, J., Shaver, Ph. R. (Hrsg.): Handbook of attachment. London, New York: Guilford, S. 625 - 648.

Carlson, E. A. (1998): A prospective longitudinal study of attachment disorganization/-disorientation. Child Development, 69, S. 1107 - 1128.

Carter, B., McGoldrick, M. (Hrsg.) (1988): The changing family life circle. A framework for family therapy. New York: Gardner Press.

Cassidy, J. (1988): Child-mother attachment and the self in six-year-olds.. Child Development, 59, S. 121 - 134.

Cassidy, J., Shaver, Ph. R. (Hrsg.) (1999): Handbook of Attachment: Theory, Research, and Clinical Applications. New York: Guilford Press.

Colleta, N. D. (1983): Stressful lives: The situation of divorced mothers and their children. Journal of Divorce, 6, S. 19 - 31.

Comings, De. E., Muhleman, D., Johnson, J. P., MacMurray, J. P. (2002): Parent-daughter transmission of the androgen receptor gene as an explanation of the effect of father absence on menarche. Child Development, 73, S. 1046 - 1051.

Cowan, P. (1991): Individual and family life transitions. In: Cowan, P., Hetherington, E. M. (Hrsg.): Family transitions. Hillsdale, NJ: Erlbaum, S. 3 - 30.

Cowan, P., Hetherington, E. M. (Hrsg.) (1991): Family transitions. Hillsdale, NJ: Erlbaum.

Cusinato, M. (Hrsg.) (1996): Research on family resources and needs across the world. Milano: LED.

Davis, P. T., Cummings, E. M. (1995): Children's emotions as organizers of their reactions to interadult anger: A functionalist perspective. Developmental Psychology, 31, S. 677 - 684.

De Wolff, M., van Ijzendoorn, M. (1997): Sensitivity and attachment: A meta-analysis on parental antecedents of infant attachment. Child Development, 68, S. 571 - 609.

Dornes, Martin (2001): Die emotionale Welt des Kindes. 2. Auflage. Frankfurt am Main: Fischer Taschenbuch Verlag GmbH.

Egeland, B. (2002): Ergebnisse einer Langzeitstudie an Hoch-Risiko-Familien. In: Brisch, K. H. et al.: Bindung und seelische Entwicklungswege. Grundlagen, Prävention und klinische Praxis. Stuttgart: J. G. Cotta'sche Buchhandlung Nachfolger GmbH (Klett-Cotta), S. 305 - 324.

Eickhorst, A., Lamm, B., Borke, J. (2003): Die Rolle des Vaters: Eine entwicklungspsychologische Bestandsaufnahme. In: Keller, H.: Handbuch der Kleinkindforschung. 3. Auflage. Bern: Verlag Hans Huber, S. 451 - 487.

Engl, J. (1997): Determinanten der Ehequalität. München: Institut für Forschung und Ausbildung in Kommunikationstherapie e.V..

Epstein, S. (1979): Entwurf einer integrativen Persönlichkeitstheorie. In: Filipp, S. - H. (Hrsg): Selbstkonzeptforschung. Probleme, Befunde, Perspektiven. Stuttgart: Klett-Cotta, S. 15 - 45.

Erikson, E. H. (1950): Childhood and society. New York: Norton.

Fegert, J. M., Ziegenhain, U. (2003): Hilfen für Alleinerziehende. Die Lebenssituation von Einelternfamilien in Deutschland. Weinheim: Beltz Verlag.

Finger-Trescher, U., Krebs, H. (Hrsg.) (2003): Bindungsstörungen und Entwicklungschancen. Gießen: Psychosozial-Verlag.

Fletcher, G. J. O., Fincham, F. D. (Hrsg.) (1991): Cognition in close relationships. Hillsdale, NJ: Erlbaum.

Foss, B. M. (Hrsg.) (1963): Determinants of infant behaviour. Bd. 2. Methuen, London; Wiley, New York.

Frederick, S. F. (1971): Physiological reactions induced by grief. Omega, 2, S. 71 - 75.

Gloger-Tippelt, G. (2002): Der Beitrag der Bindungsforschung zur klinischen Entwicklungspsychologie der Familie. In: Rollett, B., Werneck, H. (Hrsg.): Klinische Entwicklungspsychologie der Familie. Göttingen: Hogrefe-Verlag, S. 118 - 141.

Gloger-Tippelt, G., Gomille, B., König, L., Vetter, J. (2002): Attachment representations in six-year-olds: Related longitudinally to the quality of attachment in infancy and mothers' attachment representations. Attachment and Human Development, 4 (3), S. 318 - 339.

Gloger-Tippelt, G., König, L. (2003): Die Einelternfamilie aus der Perspektive von Kindern. Entwicklungspsychologisch relevante Befunde unter besonderer Berücksichtigung der Bindungsforschung. In: Fegert, J. M., Ziegenhain, U. (Hrsg.): Hilfen für Alleinerziehende. Die Lebenssituation von Einelternfamilien in Deutschland. Weinheim: Beltz Verlag, S. 126 - 147.

Gloger-Tippelt, G., Vetter J., Rauh, H. (2000): Untersuchungen mit der „Fremden Situation" in deutschsprachigen Ländern: ein Überblick. Psychologie in Erziehung und Unterricht, 27, S. 87 - 98.

Goode, W. J. (1967): Struktur der Familie. München: Juventa.

Graham, Ph., Turk, J., Verhulst, F. (1999): Child Psychiatry. A developmental approach (Family influences). Oxford: University Press.

Greenberg, M., Cicchetti, D. Cummings, M. (Hrsg.) (1990): Attachment in the Preschool Years: Theory, Research, and Interventio. Chicago: University Press.

Grossmann, K. & Grossmann, K. E. (2004): Bindungen. Das Gefüge psychischer Sicherheit. Stuttgart: J. G. Cotta'sche Buchhandlung Nachfolger GmbH (Klett-Cotta).

Grossmann, K., Grossmann, K. E., Kindler, H., Scheuerer-Englisch, H., Spangler, G., Stöcker, K., Suess, G. J., Zimmermann, P. (2003): Die Bindungstheorie: Modell, entwicklungspsychologische Forschung und Ergebnisse. In: Keller, H.: Handbuch der Kleinkindforschung. 3. Auflage. Bern: Verlag Hans Huber, S. 223 - 282.

Grossmann, K., Grossmann, K. E. & Schwan, A. (1986): Capturing the wider view of attachment: A reanalysis of Ainsworth's Strange Situation. In: C. E. Izard & P. B. Read (Hrsg.): Measuring emotions in infants and children, Bd. 2. New York: Cambridge University Press, S. 124 - 171.

Grossmann, K. E. (2003): Emmy Werner: Engagement für ein Lebenswerk zum Verständnis menschlicher Entwicklung über den Lebenslauf. In: Brisch, K. H., Hellbrügge, T. (Hrsg.): Bindung und Trauma. Stuttgart: Klett-Cotta, S. 15 - 33.

Grossmann, K. E. (2004): Theoretische und historische Perspektiven der Bindungsforschung. In: Ahnert, L. (Hrsg.): Frühe Bindung. Entstehung und Entwicklung. München: Ernst Reinhardt, GmbH & Co. KG, Verlag, S. 21 - 41.

Grossmann, K. E. & Spangler, G. (1990): Frühkindliche Umwelt. In: L. Kruse, C.-F. Graumann & E.-D. Lantermann (Hrsg.), Ökologische Psychologie. Ein Handbuch in Schlüsselbegriffen. München: Psychologie Verlags Union, S. 349 - 355.

Guttman, J. (1993): Divorce in psychosozial perspective: theory and research. Hillsdale, NJ: Lawrence Erlbaum

Halford, W. K., Kelly, A., Markman, H. J. (1997): The concept of a healthy marriage. In: Halford, W. K., Markman, H. J. (Hrsg.): Clinical handbook of marriage and couples intervention. New York: Wiley, S. 3 - 12.

Heinicke, Ch. M., Westheimer, I. (1965): Brief separations. New York: International Universities Press.

Hesse, E., Main, M. (2002): Desorganisiertes Bindungsverhalten bei Kleinkindern, Kindern und Erwachsenen. Zusammenbruch von Strategien des Verhaltens und der Aufmerksamkeit. In: Brisch, K. H. et al.: Bindung und seelische Entwicklungswege. Grundlagen, Prävention und klinische Praxis. Stuttgart: J. G. Cotta'sche Buchhandlung Nachfolger GmbH (Klett-Cotta), S. 219 - 248.

Hetherington, E. M. (1989): Coping with family transition: winners, losers and survivors. Child Development, 60, S. 1 - 40.

Hetherington, E. M. (1993): An overview of the Virginia longitudinal study of divorce and remarriage with a focus on early adolescence. Journal of Family Psychology, 7, S. 39 - 56.

Hetherington, E. M., Cox, M., Cox, R. (1978): Family interaction and the social, emotional and cognitive development of children following divorce. Paper presented at the Symposium of the Family: Setting Priorities. Washington, DC.

Hetherington, E. M., Kelly, J. (2002): For better or for worse Divorce reconsidered. New York.

Hetherington, E. M., Kelly, J. (2003): Scheidung - Die Perspektive der Kinder. Weinheim: Beltz Verlag.

Himme, H. (1998): Sprachliche Repräsentation adaptiven Verhaltens - längsschnittliche Zusammenhänge. Diplomarbeit. Universität Regensburg.

Hofer, M. (2002): Familienbeziehungen in der Entwicklung. In: Hofer, M., Wild, E., Noack, P. (Hrsg.): Lehrbuch Familienbeziehungen. Eltern und Kinder in der Entwicklung. 2. Auflage. Göttingen: Hogrefe-Verlag.

Hofer, M., Wild, E., Noack, P. (Hrsg.) (2002): Lehrbuch Familienbeziehungen. Eltern und Kinder in der Entwicklung. 2. Auflage. Göttingen: Hogrefe-Verlag.

Hopf, Christel (2005): Frühe Bindungen und Sozialisation. Eine Einführung. Weinheim: Juventa Verlag.

Huss, M., Lehmkuhl, U. (1997): Gruppentherapeutische Ansätze in der Nachbetreuung von Kindern und Jugendlichen aus Scheidungsfamilien. In: Lehmkuhl, G., Lehmkuhl, U. (Hrsg.): Scheidung - Trennung - Kindeswohl. Diagnostische, therapeutische und juristische Aspekte. Weinheim: Deutscher Studien Verlag, S. 53 - 58.

Immelmann, K., Barlow G., Petrinovich L. & Main M. (Hrsg.) (1982): Verhaltensentwicklung bei Mensch und Tier. Berlin: Parey.

Izard, C. E. & Read, P. B. (Hrsg.) (1986): Measuring emotions in infants and children. Bd. 2. New York: Cambridge University Press, S. 124 - 171.

Jesse, A., Sander, E. (1999): Wohlbefinden und Streßverarbeitungsstrategien bei alleinerziehenden und nicht alleinerziehenden Frauen. In: Sander, E. (Hrsg.): Trennung und Scheidung: Die Perspektive betroffener Eltern. Weinheim: Deutscher Studienverlag, S. 54 - 74.

Kaplan, N. (1987): Individual defferences in six-year-olds' thoughts about separation: Predicted from attachment to mother at age one. Dissertation. Berkeley: University of California.

Keller, Heidi (2003): Handbuch der Kleinkindforschung. 3. Auflage. Bern: Verlag Hans Huber.

Kessler, S., Bostwick, S. H. (1977): Beyond divorce: Coping skills for children. Journal of Clinical Child Psychology, 6(2), S. 38 - 40.

Kindler, H., Grossmann, K. (2004): Vater-Kind-Bindung und die Rollen von Vätern in den ersten Lebensjahren ihrer Kinder. In: Ahnert, L. (Hrsg.): Frühe Bindung. Entstehung und Entwicklung. München: Ernst Reinhardt, GmbH & Co. KG, Verlag, S. 240 - 255.

König, L. (2002): Bindung bei sechsjährigen Kindern aus Einelternfamilien. Bindungsrepräsentation, Selbstkonzept und Verhaltensauffälligkeiten im Kontext von Risikobedingungen. Dissertation : Heinrich-Heine-Universität Düsseldorf, Philosophische Fakultät, 2002 Verfügbar unter: http://deposit.ddb.de/cgi-bin/dokserv?idn=967207924; Zugriff am 23.02.2008

Küfner, N. (1996): Wie beschreiben Jugendliche mit unterschiedlicher Bindungsorganisation ihre Beziehung zu den Eltern. Diplomarbeit. Universität Regensburg.

Kurdek, L. A., Blisk, D., Siesky, A. E. (1981): Correlates of children's long-term adjustment to their parents' divorce. Developmental Psychology, 17, S. 565 - 579.

Lehmkuhl, G., Lehmkuhl, U. (Hrsg.) (1997): Scheidung - Trennung - Kindeswohl. Diagnostische, therapeutische und juristische Aspekte. Weinheim: Deutscher Studien Verlag.

Lehmkuhl, G. (1997): Scheidung,Trennung, Kindeswohl - Eine Einführung. In: Lehmkuhl, G., Lehmkuhl, U. (Hrsg.): Scheidung - Trennung - Kindeswohl. Diagnostische, therapeutische und juristische Aspekte. Weinheim: Deutscher Studien Verlag, S. 7 - 12.

Lewis, M. (Hrsg.) (1996): Child and Adolescent Psychiatry. 2. ed., Baltimore.

Lewis M., Freiring, C., Rosenthal, S. (2000): Attachment over Time. Child Development, 71, S. 707 - 720.

Lind, I. (2001): Späte Scheidung. Eine bindungstheoretische Analyse. Münster: Waxmann Verlag GmbH.

Liotti, G. (1999): Disorganization of attachment as a model for understanding dissociative psychopathology. In: Solomon, J., George, C. (Hrsg.): Attachment Disorganization. New York: Guilford Press, S. 291 - 317.

Lüschen, G., Lupri, E. (Hrsg.) (1970): Soziologie der Familie. Opladen: Westdeutscher Verlag.

Lüscher, K., Bronfenbrenner, U. (Hrsg.) (1976): Ökologische Sozialisationsforschung. Stuttgart: J. G. Cotta'sche Buchhandlung Nachfolger GmbH (Klett-Cotta).

Main, M. (1982): Vermeiden im Dienst von Nähe: ein Arbeitspapier. In: K. Immelmann, G. Barlow, L. Petrinovich & M. Main (Hrsg.): Verhaltensentwicklung bei Mensch und Tier. Berlin: Parey, S. 751 - 793.

Main, M. (1991): Metacognitive knowledge, metacognitive monotoring, and the singular (coherent) versus multiple (incoherent) model of attachment: Findings and directions for future research. In: Parkes, C. M., Stevenson-Hinde, J., Marris, P. (Hrsg.): Attachment across the Life Cycle. London: Routledge, S. 127 - 159.

Main, M. (2002): Organisierte Bindungskategorien von Säugling, Kind und Erwachsenem. In: Brisch, K. H., et al. (Hrsg.): Bindung und seelische Entwicklungswege. Grundlagen, Prävention und klinische Praxis. Stuttgart: J. G. Cotta'sche Buchhandlung Nachfolger GmbH (Klett-Cotta), S. 165 - 218.

Main, M., Kaplan, N., Cassidy, J. (1985): Security in infancy, childhood, and adulthood: A move to the level of representation.. In: Bretherton, I., Water, E. (Hrsg.): Growing Points of Attachment Theory and Research. Monographs of the Society for Research in Child Development, Bd. 50. Chicago: Univerity of Chicago Press, S. 66 - 104.

Main, M., Solomon, J. (1990): Procedures for identifying infants as disorganized/disoriented during the Ainsworth Strange Situation. In: Greenberg, M., Cicchetti, D. Cummings, M. (Hrsg.): Attachment in the Preschool Years: Theory, Research, and Intervention. Chicago: University Press, S. 121 - 160.

Main, M., Weston, D. R. (1981): The quality of the toddler's relationship to mother and father related to conflict behavior and readiness to establish new relationships. Child Development, 52, S. 932 - 940.

Maris, P., Stevenson-Hinde, J., Parkes, C. (Hrsg.) (1991): Attachment across the Life Circle. New York: Routledge.

Merkl, P. (1995): Beziehung Jugendlicher zu Gleichaltrigen: Entwicklungspsychologische Zusammenhänge zu Gleichaltrigen. Diplomarbeit, Universität Regensburg.

Mummendey, H. S. (2006): Psychologie des „Selbst": Theorien, Methoden und Ergebnisse der Selbstkonzeptforschung. Göttingen: Hogrefe.

Neidhardt, F. (1970): Strukturbedingungen und Probleme familialer Sozialisation. In: Lüschen, G., Lupri, E. (Hrsg.): Soziologie der Familie. Opladen: Westdeutscher Verlag, S. 144 - 168.

Nelson-Jones, R. (1990): Human relationship skills. London: Cassell.

Oppenheim, D. (1997): The attachment doll-play interview for preschoolers. International Journal of Behavioral Development, 20, S. 681 - 697.

Owen, M. T., Cox, M. J. (1997): Marital conflict and the development of infant parental attachment relationships. Journal of Family Psychology, 11, S. 152 - 164.

Page, T., Bretherton, I. (2001): Mother- and father-child attachment themes in the story completions of pre-schoolers from post-divorce families: do they predict relationships with peers and teachers?. Attachment and Human Development, 3:1, S. 1 - 29.

Parkes, C. M., Stevenson-Hinde, J., Marris, P. (Hrsg.) (1991): Attachment across the Life Cycle. London: Routledge.

Pearlin, L. J., Johnson, J. S. (1977): Marital status, life strains and depression. Am. Soc. Rev., 42, S. 704 - 715.

Petermann, F., Niebank, K., Scheithauer, H. (Hrsg.) (2000): Risiken in der frühkindlichen Entwicklung. Göttingen: Hogrefe.

Petzold, M. (1996): The psychological definition of »The Familiy«. In: Cusinato, M. (Ed.): Research on family resources and needs across the world. Milano: LED, S. 25 - 44.

Petzold, M. (1999): Entwicklung und Erziehung in der Familie: Familienentwicklungspsychologie im Überblick. Baltmannsweiler: Schneider-Verlag Hohengehren.

Petzold, M. (2002): Dedinition der Familie aus psychologischer Sicht. In: Rollett, B., Werneck, H. (Hrsg.): Klinische Entwicklungspsychologie der Familie. Göttingen: Hogrefe-Verlag, S. 22 - 31.

Pianta, R. (Hrsg.) (1992) - Beyond the parent: The role of other adults in children's lives.. New Directions for Child Development, 57, Jessey-Bass, San-Francisco, CA.

Radke-Yarrow, M., McCann, K., DeMulder, E., Belmont, B., Martinez, P., Richardson, D. T. (1995): Attachment in the context of high-risk conditions. Development and Psychopathology, 7, S. 247 - 265.

Robertson, J., Bowlby, J. (1952): Responses of young children to separation from their mothers. Courrier de la Centre Internationale de l'Enfance, 2, S. 131 -142.

Rollett, B., Werneck, H. (Hrsg.) (2002a): Klinische Entwicklungspsychologie der Familie. Göttingen: Hogrefe-Verlag.

Rollett, B., Werneck, H. (2002b): Klinische Entwicklungspsychologie der Familie. Aufgaben und Perspektiven. In: Rollett, B., Werneck, H. (Hrsg.): Klinische Entwicklungspsychologie der Familie. Göttingen: Hogrefe-Verlag, S. 1 - 21.

Sagi, A., van Ijzendoorn, M. H., Scharf, M., Koren-Karie, N., Joels, T., Mayseless, O. (1994): Stability and discriminant validity of Adult Attachment Interview: A psychometric study in young Isreali adults. Developmental Psychology, 30, S. 771 - 777.

Sander, E. (Hrsg.) (1999): Trennung und Scheidung: Die Perspektive betroffener Eltern. Weinheim: Deutscher Studienverlag.

Sander, E. (2002): Scheidungsforschung im Rahmen einer klinischen Entwicklungspsychologie der Familie. In: Rollett, B., Werneck, H. (Hrsg.): Klinische Entwicklungspsychologie der Familie. Göttingen: Hogrefe-Verlag, S. S. 266 - 296.

Sander, I. N., Berger, M., Isselstein-Mohr, D. (1983): Die Wahrnehmung der eigenen Problemsituation durch allein erziehende Mütter. Psychologie in Erziehung und Unterricht, 30, S. 16 - 23..

Sandler, I. N., Tein J.-Y., West, S. G. (1994): Coping, stress, and the psychological symptoms of children of divorce: A cross-sectional and longitudinal study. Child Development, 65, S. 1744 - 1763.

Satir, V. (1990): Selbstwert und Kommunikation. 5. Auflage. München: Pfeiffer.

Schaffer, H. R.; Emerson, P. E. (1964): The development of social attachment in infancy. Monogr. Soc. Res. Child Dev. 29, 3, S. 1 - 77.

Scheuerer-Englisch, H. (2001): Wege zur Sicherheit. Bindungsgeleitete Diagnostik und Intervention in der Erziehungs- und Familienberatung. In: Suess, G. J., Scheuerer-Englisch, H., Pfeifer, W.-K. P. (Hrsg.): Bindungstheorie und Familiendynamik. Anwendung der Bindungstheorie in Beratung und Therapie. Gießen: Psychosozial-Verlag, S. 315 - 345.

Schick, A. (2000): Das Selbstwertgefühl von Scheidungskindern. Determinanten und Angst-Puffer-Funktion. Regensburg: S. Roderer Verlag.

Schmidt-Denter, U., Beelmann, W. (1995): Familiäre Beziehungen nach Trennung und Scheidung: Veränderungsprozesse bei Müttern, Vätern und Kindern. Forschungsbericht. Band 1: Textteil. Universität zu Köln.

Schneewind, K. A. (1994a): Erziehung und Sozialisation in der Familie. In: Schneewind, K. A. (Hrsg.): Psychologie der Erziehung und Sozialisation. Enzyklopädie der Psychologie. Pädagogische Psychologie (Bd. 1). Göttingen: Hogrefe, S. 435 - 464.

Schneewind, K. A. (Hrsg.) (1994b): Psychologie der Erziehung und Sozialisation. Enzyklopädie der Psychologie. Pädagogische Psychologie (Bd. 1). Göttingen: Hogrefe.

Schneewind, K. A. (1999): Familienpsychologie. 2. Auflage. Stuttgart: W. Kohlhammer GmbH.

Schölmerich, A., Lengning, A. (2004): Neugier, Exploration und Bindungsentwicklung. In: Ahnert, L. (Hrsg.): Frühe Bindung. Entstehung und Entwicklung. München: Ernst Reinhardt, GmbH & Co. KG, Verlag, S. 198 - 210.

Selman, R. L. (1984): Die Entwicklung des sozialen Verstehens. Frankfurt/Main: Suhrkamp.

Siegler, Robert; DeLoache, Judy; Eisenberg, Nancy (2005): Entwicklungspsychologie im Kindes- und Jugendalter. Herausgegeben von: Pauen, Sabina. München: Spektrum akademischer Verlag (Imprint der Elsevier GmbH).

Solomon, J., George, C. (Hrsg.) (1999): Attachment Disorganization. New York: Guilford Press.

Solomon, J., George, C. (1999): The development of attachment in separated and divorced families. Attachment and Human Development, 1:1, S. 2 - 33.

Solomon, J., George, C., DeJong, A. (1995): Children classified as controlling at age six: Evidence of disorganized representational strategies and aggression at home and at school. Development and Psychopathology, 7, S. 447 - 463.

Sroufe, L. Alan (1985): Attachment classification from the perspective of infant-caregiver relationships and infant temperament. Child Development, 56, S. 1 - 14.

Sroufe, L. A., Carlson, E. A., Levy, A. K., Egelang, B. (1999): Implications of attachment theory for developmental psychopathology. Developmental Psychology, 11, S. 1 - 13.

Statistisches Bundesamt (2006a): Leben und Arbeiten in Deutschland, Sonderheft 1: Familien und Lebensformen - Ergebnisse des Mikrozensus 1996-2004. Wiesbaden: Statistisches Bundesamt.

Statistisches Bundesamt (2006b): Leben in Deutschland - Haushalte, Familien und Gesundheit,Ergebnisse des Mikrozensus 2005. Wiesbaden: Statistisches Bundesamt.

Statistisches Bundesamt (2008): Bevölkerung und Erwerbstätigkeit - Haushalte und Familien: Ergebnisse des Mikrozensus 2006. Wiesbaden: Statistisches Bundesamt.

Staub, L., Felder, W. (2004): Scheidung und Kindeswohl. Ein Leitfaden zur Bewältigung schwieriger Übergänge.. Bern: Verlag Hans Huber.

Steele, H., Steele, M., Fonagy, P. (1996): Associations among attachment classifications of mothers, fathers, and their infants. Child Development, 67, S. 541 - 555.

Stott, D. H. (1950): Delinquency and human nature. Carnegie UK Trust, Dunfermline, Fife.

Suess, G. J., Scheuerer-Englisch, H., Pfeifer, W.-K. P. (Hrsg.) (2001): Bindungstheorie und Familiendynamik. Anwendung der Bindungstheorie in Beratung und Therapie. Gießen: Psychosozial-Verlag.

Suess, G. J., Zimmermann, P. (2001): Anwendung der Bindungstheorie und Entwicklungspsychopathologie. In: Suess, G. J., Scheuerer-Englisch, H., Pfeifer, W.-K. P. (Hrsg.): Bindungstheorie und Familiendynamik. Anwendung der Bindungstheorie in Beratung und Therapie. Gießen: Psychosozial-Verlag, S. 241 - 270.

Szydlik, M. (2000): Lebenslange Solidarität? Generationenbeziehungen zwischen erwachsenen Kindern und Eltern. Opladen: Westdeutscher Verlag.

Teti, D. M., Gelfand, D. M., Messinger D. S.m Isabella, R. (1995): Maternal depression and the quality of early attachment. An examination of infants, preschoolers, and their mothers. Developmental Psychology, 31, S. 364 - 376.

Tress, W. (1986): Das Rätsel der seelischen Gesundheit. Traumatische Kindheit und früher Schutz gegen psychogene Störungen. Göttingen: Vandenhoeck & Ruprecht.

van Ijzendoorn, M. H., Sagi, A., Lambermon, M. W. E. (1992): The multiple caretaker paradox: Data from Holland and Israel. In: Pianta, R. (Hrsg.): Beyond the parent: The role of other adults in children's lives. New Directions for Child Development, 57, Jessey-Bass, San-Francisco, CA, S. 5 - 24.

van Ijzendoorn, M. H., Schuengel, C., Bakermans-Kranenburg, M. (1999): Disorganized attachment in early childhood: Meta-analysis of precursors, concomitants, and sequelae. Development ans Psychopathology, 11, S. 225 - 249.

Vaughn, B. E., Bost, K. (1999): Attachment und Temperatur: Redundant, Independent, or Interacting Influences on Interpersonal Adaptation and Personality Development?. In: Cassidy, J., Shaver, P. R. (Hrsg.): Handbook of Attachment: Theory, Research, and Clinical Applications. New York: Guilford Press, S. 198 - 225.

Veevers, J. (1991): Trauma versus Stress: A paradigm of positive versus negative divorce outcomes. Journal of Divorce and Remarriage, 15 (1-2), S. 99 - 126.

Verschueren, K., Buyck, P., Marcoen, A. (2001): Self-Representations ans Socioemotional Competence in Young children: A 3-year Logitudinal Study. Developmental Psychology, 37, S. 272 - 282.

Wallerstein, J. S. (1983): Children of Divorce: The Psychological Tasks of the Child. American Journal of Orthopsychiatry, 53(2), S. 230 - 243.

Wallerstein, J. (1985): Children of Divorce: Preliminary report of a ten-year followup of older children and adolescents. Journal of the American Academy of Child Psychiatry, 24, S. 545 - 553.

Wallerstein, J. (1983): Children of Divorce: Report of a ten-year follow-up of early latency-age children. American Journal of Orthopsychiatry, 57, S. 199 - 211.

Wallerstein, J., Blakeslee, S. (1989): Gewinner und Verlierer - Frauen, Männer, Kinder nach der Scheidung. Eine Langzeitstudie.. München: Droemersche Verlagsanstalt Th. Knaur Nachf.

Wallerstein, J. S., Corbin, S. B. (1996): The child and the vicisstudes of divorce. In: Lewis, M. (Hrsg.): Child and Adolescent Psychiatry. 2. ed., Baltimore, S. 1118 - 1127.

Wallerstein, J. S., Kelly, J. B. (1975): The effects of parental divorce: Experiences of the preschool child. Journal of the American Academy of Child Psychiatry, 14, S. 600 - 614.

Wallerstein, J. S., Kelly, J. B. (1976): The effects of parental divorce: Experiences of the child in later latency. American Journal of Orthopsychiatry, 46, S. 256 - 269.

Wallerstein, J. S., Kelly, J. B. (1977): Divorce counseling: A community service for families in the midst of divorce. American Journal of Orthopsychiatry, 47, S. 4 - 22.

Wallerstein, J. S., Kelly, J. B. (1980): Surviving the breakup. New York: Basic Books Inc.

Walper, S., Pekrun, R. (Hrsg.) (2001): Familie und Entwicklung. Aktuelle Perspektiven der Familienpsychologie. Göttingen: Hogrefe-Verlag.

Waters, E. (1987): Attachment Q-set (Version 3). verfügbar unter: http://www.psycholog y.suny sb.edu/attachment/measures/content/aqs_items.pdf; Zugriff am 03.04.2008

Waters, E., Merrick, S. K., Alberstein, L. J., Treboux, D. (2002): Attachment security from infancy to early adulthood. A 20-year longitudinal study. Child Development, 71, S. 684 - 689.

Weiss, R. S. (1976): The emotional impact of marital separation. Journal of Society Issues, 32, S. 135 - 145.

Wertsch, J. V. (1985): Vygotsky and the social formation of mind. Cambridge, MA: Harvard University Press.

Wolke, D., Kurstjens, S. (2002): Mütterliche Depression und ihre Auswirkung auf die Entwicklung des Kindes. In: Rollett, B., Werneck, H. (Hrsg.): Klinische Entwicklungspsychologie der Familie. Göttingen: Hogrefe-Verlag, S. 221 - 242.

Wynne, L. C. (1985): Die Epigenese von Beziehungssystemen: ein Modell zum Verständnis familiärer Entwicklung. Familiendynamik, 10, S. 112 - 146.

Zach, Ulrike (2003): Familien im Kulturvergleich. In: Keller, H.: Handbuch der Kleinkindforschung. 3. Auflage. Bern: Verlag Hans Huber, S. 321 - 351.

Zimmermann, P., Becker-Stoll, F., Grossmann, K., Grossmann, K. E., Scheuerer-Englisch, H., Wartner, U. (2000): Längsschnittliche Bindungsentwicklung von der frühen Kindheit bis zum Jugendalter. Psychologie in Erziehung und Unterricht, 47, S. 99 - 117. München: Ernst Reinhardt Verlag

Zimmermann, P., Suess, G., Scheuerer-Englisch, H. (2000): Der Einfluss der Eltern-Kind-Bindung auf die Entwicklung psychischer Gesundheit. In: Petermann, F., Niebank, K., Scheithauer, H. (Hrsg.): Risiken in der frühkindlichen Entwicklung. Göttingen: Hogrefe, S. 301 - 330.

Zulauf-Logoz, M. (2004): Die Desorganisation der frühen Bindung und ihre Konsequenzen. In: Ahnert, L. (Hrsg.): Frühe Bindung. Entstehung und Entwicklung. München: Ernst Reinhardt, GmbH & Co. KG, Verlag, S. 297 - 312.